浙江省普通高校"十三五"新形态教材

高职高专国际贸易专业系列教材

中小微企业进出口贸易实务与操作

主　编　平　萍

副主编　曾乐天　王一名

西安电子科技大学出版社

内 容 简 介

　　本书着眼于中小微企业的进出口业务操作，以进出口业务流程为主线，介绍了商品进出口的具体运作过程及其所涉及的具体环节、技能和方法，旨在培养学生在合同的磋商、签订、履行三个阶段的实际操作能力。全书共分为三个模块，分别是进出口贸易的准备阶段、进出口合同的商定阶段以及进出口合同的签订和履行阶段。这三个模块下面又包括了 13 个项目。

　　本书实例丰富，采用"项目导入、任务驱动"的先进教学理念，结合近年来进出口贸易发展的实际情况和浙江省民营中小微企业发展的现状，同时利用互联网信息技术嵌入二维码，实现了线上与线下教学相结合。

　　本书可作为高等院校经济贸易类、工商管理类相关专业的国际贸易实务课程的教材或教学参考书，也可作为进出口贸易工作者的参考书籍或培训用书。

图书在版编目(CIP)数据

中小微企业进出口贸易实务与操作 / 平萍主编. — 西安: 西安电子科技大学出版社，2021.5
ISBN 978-7-5606-6001-1

Ⅰ. ①中… Ⅱ. ①平… Ⅲ. ①中小企业—进出口贸易—贸易实务 Ⅳ. ①F740.4

中国版本图书馆 CIP 数据核字(2021)第 046342 号

策划编辑　刘小莉
责任编辑　权列秀　王　瑛
出版发行　西安电子科技大学出版社(西安市太白南路 2 号)
电　　话　(029)88242885　88201467　　　邮　　编　710071
网　　址　www.xduph.com　　　　　　电子邮箱　xdupfxb001@163.com
经　　销　新华书店
印刷单位　陕西精工印务有限公司
版　　次　2021 年 5 月第 1 版　　2021 年 5 月第 1 次印刷
开　　本　787 毫米 × 1092 毫米　1/16　印　张　10.25
字　　数　237 千字
印　　数　1～2000 册
定　　价　33.00 元
ISBN 978-7-5606-6001-1 / F
XDUP 6303001-1
***** 如有印装问题可调换 *****

前　言

在国内外复杂的经济政治形势下，中国对外贸易仍保持较好发展态势。从贸易量和贸易效率上看，中国出口占国际市场的份额稳步提升；从国际地位来看，中国贸易在保持全球领先地位的同时也呈现出新的格局，如东盟成为中国第一大贸易伙伴、民营企业首次成为我国第一大外贸主体等。与此同时，有关政府部门不断完善政策措施，推进贸易结构优化，培育外贸新业态、新模式；企业也积极主动扩大进口，共同稳步推进中国贸易高质量发展。2020年新型冠状病毒肺炎疫情迅速在全球蔓延，国内、国外均高度关注疫情，全球贸易和中国对外贸易均面临变局。疫情后世界经济将越来越依赖率先复苏的中国经济，中国外贸数字化转型将加速。

我们根据进出口贸易发展的实际情况和多年的教学经验，结合学生的特点，编写了本书。本书可作为高等院校经济贸易类、工商管理类相关专业的国际贸易实务课程的教材或教学参考书，也可作为进出口贸易工作者的参考书籍或培训用书。

本书具有以下四个特点：

(1) 基于工作过程，优化整合课程内容。

本书着眼于中小微企业的进出口业务操作，以进出口业务流程为主线，设计了进出口贸易的准备阶段、进出口合同的商定阶段、进出口合同的签订和履行阶段三个模块，介绍商品进出口的具体运作过程及其所涉及的具体环节、技能和方法，旨在培养学生在合同的磋商、签订、履行三个阶段的实际操作能力。结合"互联网+外贸"的新趋势，本书项目1介绍了跨境电子商务的基础知识。项目3更新了国际商会最新版的《2020年国际贸易术语解释通则》，并解读了新规则的变化。

(2) 知识阐述方式灵活，强调教学互动效果。

本书以启发式教学为主导来编排知识点，相关的介绍中穿插了"课堂讨论"和"案例分析"等互动环节，有利于充分调动学生的兴趣和积极性。另外，课堂上所有的任务都需要由小组磋商完成，并提供了大量的学习和锻炼环节，旨在培养学生的合作能力、交流能力、解决问题能力、自我学习能力、外语运用能力及创新能力等职业素养。

(3) 利用互联网信息技术实现线上与线下教学相结合。

为了便于学生自主学习，实现课上、课下双线并行教学，本书嵌入了二维码，学生通过扫描二维码可观看微课视频、在线完成作业和测验、阅读课外资料、以小组形式开展主题讨论等。随着学习受众的不断增加，本书还将逐步强化数字化平台的建设成果，改善使用效率和学习效果,将教材、课堂、教学资源三者融合,实现线上、线下结合的新模式。

本书由浙江长征职业技术学院平萍担任主编,浙江东方职业技术学院曾乐天、浙江宁波职业技术学院王一名担任副主编。具体的编写分工为:平萍编写项目 2 至项目 11、项目 13,曾乐天编写项目 1,王一名编写项目 12,浙江长征职业技术学院杨芳参与了课后习题的整理工作。全书由平萍负责策划、统稿,并制作微课视频。

本书在编写过程中得到了浙江中大华瑞经贸有限公司企业专家的大力支持,感谢他们提供的基本素材和案例。同时,本书还参阅了大量相关文献,在此一并对这些文献的作者表示感谢。

为支持"立体化"教学,我们向使用本书的教师提供教学课件、教学参考、教学资源推荐、课后习题答案等教学资源,以支持网络化及多媒体等现代化教学方式,有效提升教学质量。有需要者可登录西安电子科技大学出版社网站免费下载。

尽管编者尽了最大的努力来保证本书的质量,但是由于水平和经验所限,难免会有疏漏和不当之处,敬请专家和学者批评指正。

编　者

2021 年 3 月

目　　录

模块一　进出口贸易的准备阶段

项目1　进出口贸易活动认知......................2
　　任务一　进出口贸易认知......................2
　　　一、国际贸易的含义......................3
　　　二、国际贸易的分类......................3
　　任务二　国际贸易方式认知......................4
　　　一、国际贸易方式......................4
　　　二、国际贸易的特点......................6
　　任务三　认识跨境电子商务......................7
　　　一、跨境电子商务的概念......................7
　　　二、常见跨境电子商务的模式......................8
　　　三、我国跨境电子商务的发展历程......................9
项目2　了解进出口业务流程......................12
　　任务一　交易前的准备工作......................12
　　　一、组织进出口市场调研......................13
　　　二、建立进出口业务关系......................14
　　任务二　订立进出口合同的法律步骤......................16
　　　一、询盘......................16
　　　二、发盘......................17
　　　三、还盘......................20
　　　四、接受......................21
　　任务三　合同的签订与履行......................23
　　　一、出口合同的履行......................23
　　　二、进口合同的履行......................24
项目3　熟悉国际贸易术语......................25
　　任务一　国际贸易惯例认知......................25
　　　一、贸易术语的定义......................26
　　　二、关于贸易术语的主要国际惯例......................26
　　　三、使用国际贸易惯例应注意的问题......................27
　　任务二　国际贸易术语认知......................28
　　　一、装运港交货的三种常用贸易术语......................28
　　　二、货交承运人的三种常用贸易术语......................32
　　　三、其他五种贸易术语......................34
　　　四、选用贸易术语时应考虑的因素......................35

模块二　进出口合同的商定阶段

项目4　商定进出口合同的品名和
　　　品质条款......................40
　　任务一　确定品名条款......................41
　　　一、认识品名......................41
　　　二、品名条款的书写......................41
　　任务二　确定合同品质条款......................42
　　　一、商品品质的含义......................42
　　　二、商品品质的表示......................42
　　　三、合同品质条款的确定......................45
项目5　商定进出口合同的数量条款......................47
　　任务一　数量的表示......................47
　　　一、明确度量衡单位......................47
　　　二、合理选用计量单位......................48
　　　三、选择商品的计重方法......................48
　　任务二　确定合同数量条款......................49
　　　一、合同数量条款的内容......................49
　　　二、数量机动幅度......................49
项目6　商定进出口合同的包装条款......................52
　　任务一　认识包装......................52
　　　一、运输包装......................52
　　　二、销售包装......................55
　　　三、中性包装......................56

任务二　确定合同包装条款 56
　　一、包装条款的基本内容 56
　　二、包装条款风险预防 57

项目 7　商定进出口合同的运输条款 58
任务一　认识运输方式 59
　　一、海洋运输 59
　　二、集装箱运输 62
　　三、铁路运输 63
　　四、航空运输 64
　　五、国际多式联运 64
　　六、其他运输方式 65
任务二　确定合同装运条款 66
　　一、装运时间 66
　　二、装运港(地)和目的港(地) 67
　　三、分批装运和转运 68
　　四、装运通知 69
　　五、滞期费和速遣费 69
任务三　选择适当的运输单据 70
　　一、海运单据 70
　　二、其他运输单据 74

项目 8　商定进出口合同的保险条款 76
任务一　认识海运保险承保范围 77
　　一、风险 77
　　二、损失 78
　　三、海上费用 80
任务二　海洋货物运输保险条款和
　　　　保险险别 80
　　一、我国海运货物保险条款 80
　　二、其他货运保险险别与条款 84
　　三、伦敦保险业协会海运货物
　　　　保险条款 85
任务三　合同中的保险条款和保险实务 85
　　一、进出口货物买卖合同中的
　　　　保险条款 85
　　二、出口货物保险费的计算方法 86
　　三、出口货物的保险手续 86
　　四、保险单证 86

项目 9　商定进出口合同的价格条款 88

任务一　认识货物的价格 88
　　一、货物的单价 88
　　二、佣金与折扣 90
任务二　出口商品价格核算 91
　　一、价格构成 91
　　二、FOB、CFR 和 CIF 之间的
　　　　价格换算 93
任务三　货物价格条款确定 93
　　一、出口盈亏核算 93
　　二、合同作价方法 95
　　三、合同中的价格条款 95

项目 10　商定进出口合同的收付条款 98
任务一　选择结算工具 99
　　一、汇票 99
　　二、本票 102
　　三、支票 103
任务二　选择结算方式 104
　　一、汇付 104
　　二、托收 106
　　三、信用证 109
任务三　结算方式的选用 120
　　一、各种结算方式的结合使用 120
　　二、选择进出口结算方式应考虑的
　　　　因素 121

**项目 11　商定进出口合同的争议
　　　　　预防条款** 123
任务一　商品检验条款 123
　　一、买方检验权 123
　　二、检验时间与地点 124
　　三、检验机构 125
　　四、检验证书 126
　　五、合同中的检验条款 127
任务二　索赔条款 128
　　一、违约与争议 128
　　二、索赔与理赔 130
　　三、合同中的索赔条款 131
任务三　不可抗力条款 133
　　一、不可抗力的条件 133

二、不可抗力的范围 134
三、合同中的不可抗力条款 134
任务四　仲裁条款 136

一、仲裁的含义 136
二、仲裁协议 136
三、合同中的仲裁条款 137

模块三　进出口合同的签订和履行阶段

项目12　进出口合同的起草和签订 140
　任务一　合同的起草 140
　　一、书面合同的形式 140
　　二、合同的内容 141
　任务二　合同的签订 143
　　一、签订书面合同的意义 143
　　二、合同有效成立的条件 144
项目13　进出口合同的履行 146
　任务一　出口合同履行 146
　　一、催证、审证、改证 147
　　二、备货、报检 149

三、装运、报关、投保 150
四、制单、结汇 150
任务二　进口合同履行 152
　一、开立信用证 153
　二、租船接货 153
　三、办理投保 153
　四、审单付款 153
　五、办理进口报关 153
　六、提取货物 154
　七、进口索赔 155

参考文献 156

模块一

进出口贸易的准备阶段

项目 1　进出口贸易活动认知

1. 知识目标

(1) 理解国际贸易的含义；

(2) 认识国际贸易的分类；

(3) 认识国际贸易的作用。

2. 技能目标

(1) 能分析进出口贸易的发展状况；

(2) 能初步理解进出口贸易工作内容。

【任务引入】

　　三年前，王新从一所高校国际贸易专业毕业回到家乡工作。儿时的几个同学已经成为小有规模的纺织服装厂老板了。王新和他们聊天后，发现他们普遍存在着产品销路不畅的问题。于是，王新应聘到浙江长征纺织品进出口公司，开始了为这些中小企业寻找国外买家的工作。三年下来，王新的生意越做越大，他所在公司也从一个小公司发展成了一家颇具规模、专门从事出口业务的外贸公司，拥有数家稳定的国际客户。

　　如何理解进出口贸易？进出口贸易职业是怎样的？通过完成本项目，你将会找到答案。

【任务分析】

　　在经济交往中，世界范围内国与国之间、地区与地区之间总会有一些货物或劳务的交换互动出现，这些活动就是国际贸易。进出口贸易职业活动初学者应该理解国际贸易的含义、种类与特征，熟悉其作用和方式，并在此基础上理解进出口贸易工作及其职业活动，树立职业认同感，为未来参加进出口贸易活动奠定基础。

贸易故事

任务一　进出口贸易认知

　　国际贸易的产生与发展是世界各国在国际分工基础上进行广泛联系的重要特征之一，也是经济全球化和贸易自由化范围不断扩大的标志。

一、国际贸易的含义

一般来讲，人们常常提及的国际贸易是指狭义的国际贸易，即有形商品贸易(货物贸易)，主要表现为国家(或地区)之间货物的进口和出口；广义的国际贸易除了实物商品的国际交换外，还包括无形贸易，即在国际运输、保险、金融、旅游、通信、技术、劳务输出等方面相互提供的服务。

国际贸易的含义

我们可以从以下两种称谓来进一步理解国际贸易的含义。

(1) 对外贸易。

从一个国家或地区的角度来看商品、服务和生产要素的交换活动，又可将其称作对外贸易(Foreign Trade)。某些岛国和地区，如日本、英国、新西兰等，常用海外贸易(Overseas Trade)来表示对外贸易。

(2) 国际贸易。

从世界角度看，国际贸易是由世界大多数国家(地区)所参与的一项世界性的交换活动，因此也可将其称作国际贸易(International Trade)、世界贸易(World Trade)或全球贸易(Global Trade)。

二、国际贸易的分类

(一) 按照货物流向划分

国际贸易按照货物流向可划分为出口贸易、进口贸易、过境贸易三类。

(1) 出口贸易。出口贸易(Export Trade)是指将本国生产和加工的货物输往国外市场进行销售。

(2) 进口贸易。进口贸易(Import Trade)是指将外国生产和加工的货物输入本国市场进行销售。

(3) 过境贸易。过境贸易(Transit Trade)是指一国经过第三国国境向另一国出口或进口商品，对第三国而言，即为过境贸易。

贸易差额

一国在某种货物贸易上既有出口也有进口，如果出口值大于进口值，称为净出口(Net Export)；反之，如果进口值大于出口值，则称为净进口(Net Import)。

(二) 按照贸易内容划分

国际贸易按照贸易的内容可分为货物贸易、服务贸易两类。

(1) 货物贸易。货物贸易(Goods Trade)是指有形商品的国际交易，也称为有形贸易(Visible Trade)。

(2) 服务贸易。服务贸易(Trade in Service)是指国家之间出售或购买服务的交易，它以提供活劳动的形式满足他人需要并获取外汇报酬，也称为无形贸易(Invisible Trade)。

(三) 按照有无第三方参与划分

国际贸易按照有无第三方参与可分为直接贸易、间接贸易和转口贸易三类。

(1) 直接贸易。直接贸易(Direct Trade)是指商品生产国和商品消费国不通过第三国而直接买卖商品的行为。就生产国而言是直接出口,就消费国而言是直接进口。

(2) 间接贸易。间接贸易(Indirect Trade)是指商品生产国和商品消费国通过第三国所进行的商品买卖行为。生产国是间接出口,消费国是间接进口。

(3) 转口贸易。转口贸易(Intermediary Trade)是指商品生产国和商品消费国不是直接买卖商品,而是通过第三国进行买卖,对第三国来说,称为转口贸易。

(四) 按照贸易统计标准划分

国际贸易按照贸易统计标准可分为总贸易体系和专门贸易体系两类。

(1) 总贸易体系。总贸易(General Trade)是指以国境为标准划分和统计的进出口贸易。凡进入国境的外购商品一律列为进口,称为总进口;凡离开国境的外销商品一律列为出口,称为总出口。这种对外贸易统计标准被日本、美国、英国、加拿大等国采用,我国也采用这种统计方法。

(2) 专门贸易体系。专门贸易(Special Trade)是指以关境为标准划分和统计的进出口贸易。一般来说,国家的关境和国境是一致的,但实际上却有很多国家的关境与国境并不完全一致,因为建有自由贸易区或保税区。以关境为标准统计对外贸易的国家规定,当外国商品进入国境后,如果暂时存放在保税区,不进入关境,则这些商品一律不列入进口。只有从国外进入关境后的商品,以及从保税区提出后进入关境的商品,才列入进口,称为专门进口。相反,从国内运出关境的商品,即使没有运出国境,也被列入专门出口。这种对外贸易统计标准被意大利、法国、德国、瑞士等国所采用。

任务二 国际贸易方式认知

一、国际贸易方式

国际贸易方式(International Trade Way)是指营业地在不同国家或地区的当事人之间进行货物买卖所采取的具体做法和商品流通渠道。目前常见的国际贸易方式有逐笔售定、经销、代理、拍卖、寄售、展卖、招标与投标、期货交易、对销贸易和加工贸易等。

逐笔售定是指买卖双方通过洽商逐笔成交,它是国际贸易中最基本的贸易方式。以下介绍的是逐笔售定以外的其他国际贸易方式。

贸易方式

(一) 经销(Distribution)

经销是指某一国家或地区的商人以自己的信誉和资金经营国外供应商商品的活动,如

代为分配货物和代为销售货物等。

经销是世界各国广为采用的一种贸易方式,是属于转卖性质的一种贸易方式。在经销贸易中,供货商或出口商在价格和支付条件方面往往给予经销商(Distributor)适当的优惠。

经销可分为两种情况。一种是经销人通过与出口人签订买卖合同购得货物,自行在任意的市场上,以任意的价格将所购货物销售出去。这种情况不需要双方签订经销协议。另一种是出口人给予经销人在国外一定地区或指定市场,在一定期限内,销售指定货物的权利。这种情况需要双方签订经销协议,经销人在销售货物时要遵守协议的规定,主要表现为包销与定销。

(二) 代理(Agency)

代理是指代理人(Agent)按照委托人(Principal)的授权(Authorization),代表委托人与第三人订立合同或从事其他法律行为,委托人直接承担由此产生的权利和义务。代理人与委托人订有代理协议。国际贸易中有各种代理,如银行代理、保险代理、商业代理等。在进出口业务中,出口商的代理人可以根据出口商的授权与客户签订合同,但由出口商和客户分别履行合同规定的义务。

代理方式主要分为三种:

(1) 普通代理/佣金代理(General Agent/Commission Agent),即代理人不享有代理指定商品销售的专营权;

(2) 独家代理(Exclusive Agent, Sole Agent),即代理人在指定地区和规定期限内享有代理指定商品销售的专营权(可以收取全部交易的佣金);

(3) 总代理(General Agent),即代理人在指定地区内,不仅有权代表委托人(出口人)销售指定的商品,签订买卖合同和进行其他商务活动,还有权代表委托人从事一些非商业性活动,是委托人在指定地区的全权代表。

(三) 拍卖(Auction)

拍卖是指由专营拍卖业务的拍卖行接受货主的委托,在一定的时间和地点,按照一定的章程和规则,以公开叫价的方法,把货物卖给出价最高的买主。由此可见,拍卖具有如下特点:属于一种公开竞买的现货交易方式;在一定的地点有组织地进行;拍卖必须按预先规定的规章和程序进行。拍卖方式包括增价拍卖、减价拍卖(即荷兰式拍卖)和密封递价拍卖三种。

(四) 寄售(Consignment)

寄售是一种委托代售的贸易方式。寄售人(委托人或货主)先将货物运往寄售地,委托国外一代销人(受托人)按照寄售协议规定的条件,由代销人代替货主销售货物,在货物出售后,由代销人向货主结算货款。

(五) 展卖(Fair and Sales)

展卖是利用各种形式的展览会和博览会对商品实行展销结合的一种贸易方式。展卖主要分为两类：一是通过签约的方式将货物卖给国外客户，由客户在国外举办展览会或博览会，货款在展卖后结算；二是由货主与国外客户合作，在展卖时货物所有权仍属货主，并由货主决定价格，货物出售后，国外客户收取一定的佣金或手续费作为补偿，展卖结束后，未售出的货物折价处理或转为寄售。

国际博览会是一种以国家组织形式在同一地点定期由有关国家或地区的厂商举行的商品交易的贸易方式。参加者展出各种各样的产品和技术，以招揽国外客户签订贸易合同，扩大业务活动。国际展览会是不定期举行的，通常展示各国在产品、科技方面所取得的新成就。

(六) 招标与投标(Tender and Bid)

投标(Tender and Bid)相当于磋商中的发盘，是投标人根据招标公告或招标单规定的条件，在指定的时间内向招标人递盘的行为。招标是竞卖的交易方式，是招标人预先发出招标公告或招标单，提出拟购商品的品种、数量和有关买卖条件或拟建项目的各种条件，邀请投标人在规定的时间和地点投标的行为。

(七) 期货交易(Futures Trading)

期货交易是指在期货交易所内，按照交易所的规章，买进或卖出在未来某个月份交货的商品的期货合同(纸合同交易)。

(八) 对销贸易(Counter Trade)

对销贸易是指在互惠的前提下，由两个或两个以上的贸易方达成协议，规定一方的进口产品可以部分或全部以相对的出口产品来支付。对销贸易不同于单方面的进口或出口，实质上是将进口和出口结合起来的贸易方式。

(九) 加工贸易(Processing Trade)

加工贸易是指企业进口全部或者部分原辅材料、零部件、元器件、包装物料，经加工或者装配后，将制成品复运出口的经营活动。

加工贸易有两种形式：

(1) 进料加工(进料装配)，是指从国外进口原料或零件，利用本国设备和劳动力，加工成成品再出口的贸易方式；

(2) 来料加工(来件装配)，是指由外商提供原料或零部件，按外商的要求进行加工并收取约定的工缴费。在整个加工过程中，原料和成品的所有权始终属于外商(委托方)。来料加工不属于货物买卖。

来料加工与进料加工的区别

二、国际贸易的特点

(一) 国际贸易的困难大

首先，交易双方处于不同的国家，各国语言、文化、风俗习惯和宗教信仰可能会不同，对相互沟通造成不少困难。其次，缺乏国际贸易共同法规。世界各国的法律并不完全相同，有的差别很大，大陆法系和英美法系在渊源、结构、范畴、概念上也有许多不同之处，贸易中出现问题时不易解决。最后，贸易障碍多。各国为争夺市场、保护本国工业市场，往往采取关税措施和非关税措施来限制外国商品进口，使贸易受到很大限制。因此国际贸易的困难大。

(二) 国际贸易的风险更大

国际贸易中交易数量和金额通常较大，一笔国际货物的交易从接洽起，经报价、还价、订约、交货、付款，要经过相当长的一段时间。在此期间，不仅交易双方的财务和运营情况可能发生巨大变化，影响交易的顺利进行，而且货价和汇率的频繁波动、经济危机的此起彼伏、各国政局的剧烈变动都可能使交易双方面临更大的风险。此外，国际货物买卖大都需要经历跨国长途运输，发生风险的概率也随之增加，而且并不是所有的运输风险都在保险公司承保范围之内。因此买卖双方在国际贸易过程中承担的风险远比国内贸易大。

(三) 国际贸易的竞争更为激烈

随着世界经济的发展，越来越多的国家、地区和跨国公司参与到国际贸易中，加剧了国际贸易的竞争程度。此外，国际贸易的方式由传统的单一型向复合型、多元化转化，国际贸易的经营由粗放型向集约型转化，而且信息技术的快速发展，极大地改变了传统国际贸易的手段和方式，使之发生根本性的改变，影响企业的行为和效率，使国际贸易的竞争更为激烈。

任务三　认识跨境电子商务

一、跨境电子商务的概念

跨境电子商务(Cross-border E-commerce)是指隶属于不同国家的交易主体，利用电子商务平台进行磋商和电子支付，并通过跨境物流送达商品，最终完成交易，实现进出口贸易的一种新型国际商业活动，以下简称跨境电商。

在广义层面，跨境电商是指分属不同关境的交易主体，将传统外贸的商品展示、报价、询盘、还盘、签订合同、支付货款等步骤借助互联网工具进行，并在线下履行合同的一种国际商业活动。跨境电商是指将电子商务技术应用于进出口贸易，将国际商务流程虚拟化、数字化和在线化，其中包括商品信息在线展示、线上磋商、贸易数据交换、网上资金划拨与货运追踪等。

在狭义层面，跨境电商相当于网络跨境零售。网络跨境零售是指分属于不同关境的买卖双方，在跨境电子商务交易平台上达成交易，买家在线支付，卖家利用跨境物流进行配送。普通消费者通常所说的跨境电商大多指的都是跨境网络零售，即消费者在线购买国外商品。

传统国际贸易与
跨境电商对比

传统国际贸易的交易流程复杂，交易成本高，对交易双方的资质要求高，为了弥补交易成本，实现盈利目标，多数交易标的物均为大批量。跨境电商降低了交易成本，普通消费者借助跨境电商平台即可实现在线跨境购物，小批量、个性化、频度高的交易订单也可以履行。这就使国际贸易的交易主体扩充到一般中小微企业与普通消费者。较之传统国际贸易，跨境电商优越性突出，跨越空间阻碍、商品信息跨境传递更便捷、受贸易保护主义的影响较小、交易链条缩短、交易成本显著降低，由此使得商品价格进一步降低，商家利润率提高。传统外贸与跨境电商交易环节对比情况如图 1-1 所示。

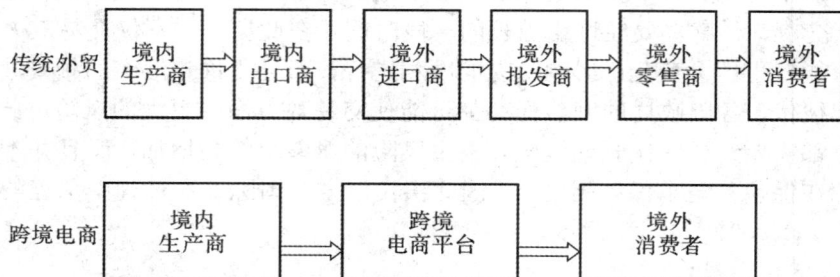

图 1-1 传统外贸与跨境电商交易环节对比

二、常见跨境电子商务的模式

(一) B2B 模式

B2B(Business to Business)即企业面对的最终客户为企业或者集团客户，企业通过在跨境电商平台上发布信息或搜索信息，来选择合适的合作对象并完成交易。B2B 本质上还属于传统对外贸易，已纳入海关统计。根据盈利方式的不同，B2B 可以划分为信息服务模式和交易服务模式。

(1) 信息服务模式通过为买卖双方提供信息发布或信息搜索服务的平台，从而促成双方达成交易，其主要盈利方式包括会员服务和增值服务。会员服务，即卖家每年缴纳一定的会员费后享受平台提供的各种服务。增值服务主要包括竞价排名、点击付费及展位推广等服务。信息服务模式代表企业有

出口跨境电商
主要模式

阿里巴巴国际站、环球资源网等。在这种模式下，由商户自行上传关于产品信息的简介，电商只作为信息展示的中介存在，不涉及任何的实物产品，买卖双方通过电商平台获取对方信息之后可以绕过平台进行直接联系。

(2) 交易服务模式是一种新的电子商务趋势，在提供信息展示的同时，还在物流、支付及金融服务等方面进行了拓展。其代表企业为敦煌网。在物流方面，敦煌网采取了与包括 EMS、FedEx、TNT、UPS、DHL 在内的全球著名的物流公司合作的方式，通过积累订单拿到较低的折扣，也可以为商户节省大量物流费用；而在支付方面，敦煌网不仅与国际著名的支付机构，如 Moneybookers、Global Collect、Western Union、WorldPay 等保持着长期的合作关系，同时，还在新加坡、英国、法国等国家开通了本地付款方式，买家只需要通过电子银行向指定银行账户转账即可完成付款，并且免除跨国转账的手续费。

(二) B2C 模式

B2C(Business to Customer)即企业面对的最终客户为个人消费者,企业通过跨境电子商务平台来展示、宣传、推广自己的产品,消费者可以通过平台上的信息直接选购企业发布的产品,并进行网上支付,主要以航空小包、快递、邮寄等作为物流手段,以快递或邮政公司作为报关主体,目前大多未纳入海关统计。根据平台运营模式的不同,B2C 可分为开放平台模式和自营平台模式。

(1) 开放平台模式,涉及出口电商的各个环节,不仅开放买家和卖家的数据,还开放包括商品、店铺、交易、物流、仓储、营销推广等各个环节和流程的业务。采用该模式的典型代表企业为阿里巴巴速卖通。在推广、物流、仓储和融资等环节,速卖通与合作伙伴共同为商家提供了方便快捷的出口贸易服务。

(2) 自营平台模式,是指企业通过量身定做符合自我品牌诉求和消费者需要的采购标准,对其经营的产品进行统一生产或者采购、产品展示、在线交易,并通过物流配送将产品投放到最终消费群体的模式。不同于开放平台模式,自营平台不易出现产品质量良莠不齐、产品来源不一的问题。这种模式比较有代表性的企业为兰亭集势。兰亭集势销售的产品以国内的婚纱、家装产品为主,产品都是直接从工厂采购,绕过了众多中间环节,极大地缩短了跨境电子商务的供应链。此外,直接与工厂合作也有效降低了销售定制化产品的成本。

(三) C2C 模式

C2C(Customer to Customer)即消费者与消费者之间的互动交易行为,这种交易方式具有多样性。C2C 商务平台通过为买卖双方提供一个在线交易平台,使卖方可以主动提供商品上网拍卖,而买方可以自行选择商品进行竞价。其代表是 eBay、TaoBao 电子商务模式。

C2C 是指消费者与消费者之间的互动交易行为,这种交易方式是多变的。例如消费者可同时在某一竞标网站或拍卖网站中,共同在线上出价而由价高者得标;或由消费者自行在网络新闻论坛或 BBS 上张贴布告以出售二手货品,甚至是新品。诸如此类因消费者间的互动而完成的交易,就是 C2C 的交易。

C2C 竞标拍卖已经成为决定稀有物价格最有效率的方法之一。凡是古董、名人物品、稀有邮票等需求面大于供给面的物品,就可以使用拍卖的模式决定最佳市场价格。拍卖会商品的价格因为欲购者的彼此相较而逐渐升高,最后由最想买到商品的买家用最高价买到商品,而卖家则以市场所能接受的最高价格卖掉商品,这就是传统的 C2C 竞标模式。

三、我国跨境电子商务的发展历程

我国跨境电子商务总共经历了三个阶段,实现了从信息服务到在线交易、全产业链服务的跨境电子商务产业转型。

(一) 跨境电子商务 1.0 阶段(1999—2003 年)

跨境电商 1.0 时代的主要商业模式是网上展示、线下交易的外贸信息服务模式。这个阶段第三方平台主要的功能是为企业信息以及产品提供网络展示平台,并不在网络上涉及任何交易环节。此时的盈利模式主要是向进行信息展示的企业收取会员费(如年服务费)。跨境电商 1.0 阶段发展过程中,逐渐衍生出竞价推广、咨询服务等为供应商提供一条龙服务的信息增值服务。

在跨境电子商务 1.0 阶段,阿里巴巴国际站平台以及环球资源网为典型代表。其中,阿里巴巴成立于 1999 年,以网络信息服务为主,线下会议交易为辅,是中国最大的外贸信息黄页平台之一。环球资源网 1971 年成立,前身为 Asia Source,是亚洲较早的提供贸易市场咨询服务者。

在此期间还出现了中国制造网、韩国 EC21 网、Kellysearch 等大量以供需信息交易为主的跨境电商平台。跨境电商 1.0 阶段虽然通过互联网解决了中国贸易信息如何向世界买家展示的难题,但是依然无法完成在线交易,对于外贸电商产业链的整合仅完成信息流整合环节。

(二) 跨境电子商务 2.0 阶段(2004—2012 年)

2004 年,随着敦煌网的上线,跨境电子商务 2.0 阶段拉开了帷幕。在这个阶段,跨境电商平台开始摆脱纯信息黄页的展示行为,将线下交易、支付、物流等流程实现电子化,逐步实现在线交易平台。相比较 1.0 阶段,跨境电商 2.0 阶段更能体现电子商务的本质,借助于电子商务平台,通过服务、资源整合,有效打通了上下游供应链,包括 B2B 和 B2C 两种平台模式。跨境电商 2.0 阶段,B2B 平台模式为跨境电商的主流模式,通过直接对接中小企业商户实现了产业链的进一步缩短,提升了商品销售利润空间。2011 年敦煌网宣布实现盈利,2012 年持续盈利。

在跨境电商 2.0 阶段,第三方平台实现了营收的多元化,同时实现了后收费模式,将"会员收费"改成以收取交易佣金为主,即按成交效果来收取百分点佣金。同时还通过平台上的营销推广、支付服务、物流服务等获得增值收益。

(三) 跨境电子商务 3.0 阶段(2013 年至今)

2013 年成为跨境电商重要转型年,跨境电商全产业链都出现了商业模式的变化。随着跨境电商的转型,跨境电商 3.0 "大时代"随之到来。

首先,跨境电商 3.0 具有大型工厂上线、B 类买家成规模、中小额订单比例提升、大型服务商加入和移动用户量爆发五方面特征。与此同时,跨境电商 3.0 服务全面升级,平台承载能力更强,全产业链服务在线化也是 3.0 时代的重要特征。

在跨境电商 3.0 阶段,用户群由草根创业向工厂、外贸公司转变,且具有极强的生产设计管理能力。平台销售产品由网商、二手货源向一

世界各地区知名
跨境电商平台

手货源好产品转变。

　　3.0 阶段的主要卖家群体正处于从传统外贸业务向跨境电商业务的艰难转型期，生产模式由大生产线向柔性制造转变，对代运营和产业链配套服务需求较高。另一方面，3.0 阶段的主要平台模式也由 C2C、B2C 向 B2B、M2B 模式转变，批发商买家的中大额交易成为平台主要订单。

教学做一体化训练

项目 2　了解进出口业务流程

【学习目标】

1. 知识目标

(1) 了解进出口贸易的准备工作；

(2) 掌握交易磋商流程。

2. 技能目标

(1) 能熟练进行进出口业务的相关操作；

(2) 能进行询盘、发盘、还盘、接受操作；

(3) 能建立初步的业务关系。

【任务引入】

2020 年 9 月，浙江长征纺织品进出口公司业务员王新从网上看到加拿大国际贸易公司求购女士真丝衬衫的信息，想与其建立初步业务关系。

加拿大国际贸易公司的具体资料如下：

Mr. Danny James

FOX TRADING CO., LTD

#362 JALAN STEEET, TORONTO, CANADA

TEL NO.：(+01)7708808

FAX NO.：(+01)7701111

Email：danny@fox.com

【任务分析】

从事进出口业务的人员必须熟练掌握进出口业务的流程，进行询盘、发盘、还盘等交易磋商活动，以确保进出口贸易顺利开展。一笔具体的进出口交易往往始于出口商主动向潜在客户发函电建立业务关系。进出口业务函电包括信函、电传、传真及电子邮件等，是进出口货物买卖磋商的主要载体。

贸易故事

任务一　交易前的准备工作

进出口贸易的情况比国内贸易要复杂，为了贯彻国家的对外贸易政策，提高贸易成交的概率，事前必须做好充分的准备工作，有备无患。在交易磋商之前，需要准备的事项很多，其中主要包括以下方面。

一、组织进出口市场调研

在交易磋商之前，应从调查研究入手，通过各种途径广泛收集市场资料，加强对国外市场供销情况、价格动态、政策法令措施和贸易习惯等方面情况的调查研究，以便择优选择适当的目标市场和合理地确定市场布局。与国内市场调研一样，进出口市场调研包括如图 2-1 所示的程序。

图 2-1　进出口市场调研程序

进出口市场调研的范围和内容包括环境调研、商品市场调研、竞争状况调研。

（一）环境调研

环境调研的目的在于对经济大环境有一个总体的了解，以便正确地选择目标市场和更好地贯彻我国的对外方针、政策，具体有如下几种：

（1）一般概况调研：包括人口、面积、气候、函电文字、通用语言、电器电压、度量衡制度等。

（2）政治情况调研：包括政治制度、对外政策、与我国的关系等。

（3）经济情况调研：包括主要物产资源、工农业生产、财政金融、就业状况、收入状况等。

（4）对外贸易情况调研：包括主要进出口商品贸易额、进出口贸易的主要国别地区、国际支付能力、主要贸易港口、对外贸易和外汇管制政策、海关税率和商检措施、民法和商法以及与我国进行贸易的情况等。

（5）运输条件调研：包括港口及其设备、港口惯例、对外航线等。

（二）商品市场调研

商品市场调研的目的在于了解产品的市场行情，以便掌握出口商品的价格及交易的其他条件，具体有如下几种：

（1）市场需求调研：包括市场需求总量、需求结构、需求的满足程度和潜在的需求量等。

（2）消费者调研：包括消费者的购买能力、消费水平、消费习惯等。

（3）销售情况调研：包括该类产品过去几年在当地的销售量、销售总额、生产规模、价格变动、销售趋势等。

（4）价格调研：包括价格水平、影响价格变动的因素以及价格变化趋势等。

出口业务选择市场
调研公司的技巧

(三) 竞争状况调研

竞争状况调研的范围包括目标市场主要竞争对手的产品特性、价格水平、盈利能力、市场份额、竞争策略等。竞争状况调研旨在了解竞争对手所具有的优点和弱点，预测自身产品的竞争力和市场地位。

❖ **案例启迪 2-1**

美国一家大型软饮料公司决定，在东南亚地区选择印度尼西亚作为公司最畅销饮料的目标销售市场。印度尼西亚是世界第五大人口大国，人口 2 亿多。美国饮料公司的管理阶层认为无法拒绝这一巨大潜在市场的诱惑，因此决定与印度尼西亚达成瓶装与分销协议来服务于这一市场。公司决定把软饮料汁卖给一家瓶装商，由后者负责饮料的瓶装与分销。但不幸的是，销售状况非常糟糕，饮料根本不畅销。虽然公司初级调研，包括对当地竞争和政府态度的调研结果非常乐观，但营销活动却毫无进展。后经了解，导致此结果的原因是公司董事会主席和项目经理忽视了两个重要因素。其一，印度尼西亚虽拥有 2 亿多人口，但绝大多数住在农村，处于前工业化阶段；其二，大多数印度尼西亚人喜欢甜饮料和以椰子汁为主要原料的软饮料，他们对美国风味的碳酸化合饮料非常不习惯。在印度尼西亚，虽然存在着一个美国饮料市场，但几乎全部限于主要城市。欣赏美国风味并有足够可自由支配收入购买美国风味饮料的市场总共才有 800 万人。请对此案例做出评析。

二、建立进出口业务关系

(一) 寻找客户

在进出口业务活动中，我们经常会听到这样的说法：谁手上有客户，谁的业务就做得好！这充分说明了进出口贸易活动的关键就是有贸易对象。尤其是在市场竞争激烈的今天，判断一个公司或企业的发展前景，看它是否拥有较多的优良顾客就是重要条件之一。寻找潜在客户可以从以下几种途径着手。

1. 直接发布购销信息

在寻找潜在客户时，我们直接发布购销信息，将主动权掌握在自己手里。同时，能够与专业的国外厂商进行专业沟通，避免了与不符合自己要求的企业进行解释说明，从而节约了时间，提高了效率。直接发布购销信息可以通过以下方式：

(1) 在自己公司的网站上发布购销信息。这需要我们在 Internet 上建立自己的 Web 站点，可以为这些信息建立自己的搜索引擎，也可以向一些有名的公用搜索引擎网站提供自己的网站信息。

(2) 在行业网站上发布购销信息。

(3) 在国外贸易门户网站或平台发布购销信息。

2. 多方推介

与国外客商建立联系，可以通过以下常用渠道：

(1) 自我介绍。通过查阅国内外出版的企业名录、报纸杂志的广告、互联网等，以函电或发送资料的方式自我介绍，建立关系。

(2) 请国外银行介绍客商。

(3) 请国内外的贸易促进机构或友好协会介绍关系，如我国的对外贸易促进委员会也办理介绍客户的业务。

(4) 请我国驻外使馆商务处或外国驻华使馆介绍合作对象。一般来讲，我国驻外使馆对当地主要厂商的经营范围、能力和资信较为熟悉。

(5) 通过参加国内外展览会、交易会建立联系。这类活动的优点是能和客户直接见面，联系的范围广。如德国举办博览会的城市有 20 多个，其中中国企业参展最多的有科隆、汉诺威、法兰克福、杜塞尔多夫、柏林、纽伦堡、莱比锡展会等。

在我国，有中国进出口商品交易会，又称广交会，创办于 1957 年春季，每年春秋两季在广州举办。

(6) 利用国内外的专业咨询公司介绍客商。国内外都有许多专业咨询公司接受委托代办介绍客户，它们的业务关系中有各种类型的、具有一定影响以及一定专业经验和能力的客户。

部分国际
展会介绍

3. 网络搜索

在信息时代，网络成为所有信息传递、加工和处理的最好载体。互联网为经济的全球化奠定了坚实的技术基础，它通过桌面访问的方式提供各种各样的免费或者低成本的信息。通过网络寻找进出口商，主要可搜寻如下网站：

(1) 大型的搜索引擎，诸如 Google、Baidu、Yahoo!、Excite 等，一般用关键词搜索。

(2) 该行业的行业网站。每个行业几乎都有行业网站，可以用关键词搜索。一般都会在这些网上看到会员列表和相关链接。

(3) 通过大型的搜索引擎寻找出口国(或者全世界)的黄页网站(Yellow Page)和工商企业目录(Directory)。

(4) 大型的公司数据库，如美国的 Thompson 网等。

(5) 名录网站。

(6) 工具网站，如 ALexa 工具网站。

(二) 建立业务联系

找到潜在客户的公司名称和联系方法后，就可以通过以下两种途径与之建立业务关系：其一，派出代表到客户所在国洽谈交易对象，直接进行面对面的联系；其二，通过函电或发送资料的方式建立关系。

建立业务
联系函的内容

随着现代通信的不断发展，信函的概念不断延伸，从传统的书信、电报、电传发展到传真、电子邮件、EDI 等，在提高了通信速度的同时也降低了通信的成本，从而"缩短"了进出口贸易双方地理位置上的距离。因此，通过信函联系已成为进出口贸易中交易双方的主要联系方式。建立业务联系的基本步骤如图 2-2 所示。

图 2-2 建立业务联系的基本步骤

任务二　订立进出口合同的法律步骤

交易磋商(Business Negotiation)又称贸易谈判，是指贸易双方就商品交易的有关条件进行协商以达成交易的过程和行为。交易磋商是签订贸易合同的必经阶段和法定程序，是进出口贸易工作的重要环节。

交易磋商可以采用口头(Desk Negotiation)或书面(Letter Negotiation)两种形式。口头磋商主要是指谈判桌上面对面的谈判或双方通过国际长途电话进行的交易磋商。书面磋商包括由双方通过信函、传真、电子邮件、EDI 等通信方式往来洽商交易。目前，进出口贸易的 80%通过函电方式成交，日常的交易以书面磋商形式为主。即使通过当面或电话洽谈成交的交易，事后也往往再以信函确认，以作为书面根据。进出口贸易中的往来函电具有法律效力。

进出口贸易中参加交易磋商的人员应具备的条件

不同国家的交易磋商习惯

在进出口货物买卖合同商定过程中，一般包括询盘、发盘、还盘和接受四个环节，其中发盘和接受是达成交易、合同成立不可缺少的两个基本环节和必经的法律步骤。

一、询盘

(一) 询盘的含义

询盘(Inquiry)是买方或卖方拟购买或销售某项商品而向对方询问有关交易条件的行为。询盘的内容可以涉及某种商品的品质、规格、数量、包装、价格和装运等成交条件，也可以索取样品，其中多数是询问成交价格，因此在实际业务中，也有人把询盘称作询价。

在进出口业务中，发出询盘，不仅可以探询价格或有关交易条件，还可以表达与对方进行交易的愿望，希望对方接到询盘后及时作出发盘。如果询盘只是探询一下市场价格，询问的对象不限于一人，这种询盘实际上属于邀请发盘(Invitation to Offer)。邀请发盘是当事人订立合同的准备行为，其目的在于使对方发盘。询盘本身并不构成发盘，对当事人不具有法律上的约束力。

交易磋商的流程

询盘不是每笔交易必经的程序，如交易双方彼此都了解情况，不需要向对方探询成交条件或交易的可能性，则不必使用询盘，可直接向对方作出发盘。

询盘按询盘人的地位可分为买方询盘和卖方询盘。买方询盘是指买方主动发出询盘函电，向国外厂商询购所需货物，习惯上称为邀请发盘。卖方询盘，习惯上称为"邀请递盘"(Invitation to Bid)。

范例：Please quote lowest price CIF Singapore for 1000pcs Flying Pigeon brand bicycles July shipment cable promptly.

　　　请立即电报 1000 件飞鸽牌自行车七月装运 CIF 新加坡最低价。

范例: Interested in northeast soybean, please fax CIF Hague lowest price.

　　　　对你方东北大豆感兴趣,请传真 CIF 海牙最低价。

(二) 询盘需注意的问题

(1) 询盘虽无法律约束力,但当事人仍需考虑询盘的必要性,尽量避免只是询价而不购买或不售货,以免失掉商业信誉。

(2) 询盘可向几个交易对象发出,以便择优成交,但不宜过多;不要同期集中发出,以免暴露己方销售或购买意图。

(3) 询盘要简洁、具体,用词得体,不必使用过分客气的词句,并且尊重对方询价,无论是否出售或购买均应及时处理和答复。

(4) 询盘时,不应只考虑询问货物价格,也应注意询问其他交易条件,争取获取比较全面的交易信息。

二、发盘

(一) 发盘的含义

发盘(Offer)又称发价或报价,在法律上称为"要约",是指买方或卖方(发盘人)向对方(受盘人)提出买卖某项货物的各项交易条件,并愿意按照这些交易条件达成交易、订立合同的行为。根据《联合国国际货物销售合同公约》(以下简称《公约》)的规定,凡向一个或一个以上特定的人提出订立合同的建议,如果其内容十分确定,并且表明发盘在其发盘一旦被受盘人接受即受其约束的意义,即构成发盘。

发盘既可由卖方提出,也可由买方提出,分别称为售货发盘(Selling Offer)和购货发盘(Buying Offer)。后者习惯上又称为递盘(Bid)。在实际业务中,发盘通常是一方在收到对方的询盘后提出的,也可以在没有对方询盘的情况下直接发出。

发盘的有效条件

联合国国际货物
销售合同公约

(二) 构成法律上有效发盘的必备条件

有效发盘的必备条件包括:

(1) 发盘应向一个或一个以上特定的人提出。

发盘应向特定的人提出,即在发盘中应指明个人姓名或企业名称作为受盘人。提出此项要求的目的在于把发盘同普通商业广告及向广大公众散发的商业价目单等行为区别开来。

> **课堂小思考:**
> 商业广告能否视为发盘?

(2) 发盘内容必须十分确定。

根据《公约》的规定,在提出的订约建议中如果写明货物,并且明示或默示地确定数量和价格或如何确定数量和价格,即为内容十分确定。凡包含货物、数量、价格三项基本因素的订约建议，即可构成一项发盘。如该发盘被对方接受，买卖合同即告成立。至于其他内容，如货物的包装、交付和支付条件等，可在合同成立后，按双方之间已确立的习惯做法或按《公约》中的有关规定予以补充。

(3) 表明订约意旨。

发盘必须表明发盘人对其发盘一旦被受盘人接受即受约束的意思。如发盘人只是就某些订约建议同对方进行磋商，而根本没有受其约束的意思，则此项建议不能构成一项发盘。例如，发盘人在其提出的订约建议中加注诸如"仅供参考""须以发盘人的最后确认为准""以领到进口许可证为准"或其他保留条件，这样的订约建议就不是发盘，而只是邀请对方发盘。

范例： Offer Chinese Rosin AA grade iron-drum 100 M/T Sterling 500 CFR London shipment December payment sight L/C subject to our final confirmation.

> 国际 AA 级中国松香，铁桶装 100 公吨，每公吨 500 英镑 CFR 伦敦，12 月份装船，即期信用证付款，以我方最后确认为准。

❖ **案例启迪 2-2**

英国某公司接到来电：货号 314 丝巾 50 000 打，每打 CIF 纽约 100 美元，每 100 打一纸箱，8 月装船，即期信用证支付，限 8 月 15 日复到。请问这是否为一项有效的发盘？

(4) 送达受盘人。

发盘必须被送达受盘人。根据《公约》的规定，发盘于送达受盘人时生效。我国及世界各国法律普遍如此要求。发盘如在传递中遗失以致受盘人未能收到，则该发盘无效。例如，发盘人通过电话向受盘人发盘，中途电话发生故障，传送声音模糊，必须待电话修复后，让受盘人听清全部发盘内容，该发盘方为有效。又如，发盘人用信件方式发盘，如该信件因邮局误递或遗失，以致受盘人没有收到，则该发盘无效。

虚盘

(三) 发盘的有效期

发盘的有效期是指可供受盘人对发盘做出接受的期限。发盘通常都规定有效期，但有效期并非构成发盘的必要条件，如发盘未规定有效期，根据《公约》的规定，在合理时间内有效。而"合理时间"在国际上并无统一的明确解释。因此，在实际业务中，对外发盘时，应明确规定发盘的有效期。而对口头发盘，除双方另有约定外，受盘人必须立即接受，发盘的效力于谈话结束时终止。

在我国的出口业务中，常见的规定发盘有效期的方法主要有以下两种。

1. 规定最迟接受的期限

(1) 笼统规定某日答复或几日内答复，受盘人在规定期限内答复，以受盘人表示接受的时间(发出信、电日)为准。

范例： Offer valid till sixth.

> 发盘有效至六日。

(2) 规定在答复到达发盘人所在地时间为准，从而避免因地理位置存在时差而引起争执。

范例：Subject to reply reaching us sixth.

限六日复到我方。

2. 规定一段接受的期限

根据《公约》规定，发盘人在传真、邮件中订立的"一个接受时期"，从交发时刻或信上载明的发信日期起算，如无发信日期，则以邮戳日期起算。发盘以电话、传真、电子邮件或其他快递方式传达到对方的接受时期，从发盘到达受盘人时起算。

范例：Offer valid for 5 days.

有效期五天。

(四) 发盘的撤回与撤销

1. 发盘的撤回

发盘的撤回(Withdrawal)是指发盘人将尚未被受盘人收到的发盘予以取消的行为。《公约》规定，一项发盘(包括注明不可撤销的发盘)，只要在其尚未生效以前，如果撤回的通知于发盘送达受盘人之前或同时到达受盘人，都是可以修改或撤销的。因此，如果发盘人因工作失误导致发盘内容有误或因市场行情变化等其他原因想改变主意，可以用更迅速的通信方法，将发盘的撤回或修改通知赶在受盘人收到该发盘之前或同时送达受盘人，则发盘即可撤回或修改。撤回的实质是阻止发盘生效。

发盘的
撤回与撤销

> **课堂小思考：**
> 商采用快速通信方法，如电话、电传、电子邮件等方式进行发盘还能否撤回？

2. 发盘的撤销

发盘的撤销(Revocation)是指将已经被受盘人收到的发盘予以取消的行为。《公约》规定，已为受盘人收到的发盘，如果撤销通知在受盘人发出接受前送达受盘人，可予撤销。但是，在下列两种情况下，发盘不得撤销：

(1) 在发盘中规定了有效期或以其他方式表明该发盘是不可撤销的；

(2) 如受盘人有理由信赖该项发盘是不可撤销的，并已本着对该发盘的信赖采取了行动。

❖ 案例启迪 2-3

我某公司于 12 月 5 日上午以传真的方式向一越南商人就某项商品发出实盘，限 12 月 7 日复到有效。传真刚一发出，收到总公司紧急通知：该商品自 12 月 5 日起提高价格 20%。我公司当即以电传通知对方撤回原发盘。6 日上午公司收到对方发来的电传通知，表示无条件接受我方 12 月 5 日发盘。试分析：根据国际惯例，我方是否只得以原发盘条件与对方达成交易？

(五) 发盘的终止

发盘的终止(Termination)即发盘的失效(Lapse of Offer)，指发盘的法律效力消失，即发盘人不再受发盘的约束，而受盘人则失去接受该发盘的权利。发盘在下列情况下失效：

(1) 发盘有效期届满，虽未规定有效期，但在合理时间内未被接受；

(2) 发盘人依法撤销发盘的效力；

(3) 受盘人拒绝了发盘；

(4) 受盘人还盘，对发盘的内容作出了实质性的变更；

(5) 发盘人作出发盘后，发生了不可抗力事件，如所在国政府对发盘中的商品或所需外汇发布禁令等；

(6) 在发盘被接受前，当事人丧失行为能力，如死亡、破产等。

(六) 发盘应注意的有关事项

发盘的注意事项包括：

(1) 对外发盘时，发盘内容要尽量翔实。

对于一项发盘应包括的内容，各国的法律规定不尽相同。《公约》关于发盘内容的规定，只是对构成发盘的起码要求。在实际业务中，如发盘的交易条件太少或过于简单，会给合同的履行带来困难，甚至容易引起争议。因此，为避免引起争议，在对外发盘时，最好将品名、品质、数量、包装、价格、交货时间、地点和支付方法等主要交易条件一一列明。

(2) 发盘时要慎重考虑，合理规定有效期。

有效期既不能太短，使对方没有考虑的余地，也不能太长，使自己承担不必要的义务和风险。一般而言，发盘有效期的长短取决于商品的种类、市场情况和交易额等诸多因素。对于大宗商品、初级产品、敏感性商品，如粮谷、油脂、有色金属、橡胶、棉花等的发盘，通常是 1 天，长的也不过 2 至 3 天，有时甚至规定对方必须在发盘的当天或当天几点以前复到。对一些劳动密集型产品、轻工产品和日用消费品的发盘，有效期以 7 天、10 天或半月不等均可。对工艺美术品等没有国际市场价格的商品，发盘有效期可达 1 至 2 个月不等。

(3) 发盘要慎重，不能盲目对外报价。

对外洽商时，究竟用询盘还是发盘，要根据交易的实际情况、市场变化情况等灵活应用。发盘具有法律约束力，易于引起受盘人的注意，利于达成交易，但缺乏灵活性，一旦对市场情况估计有误，造成发盘不当，容易陷入被动局面。发盘人为了了解市场真实情况，可以先对外询盘，摸清市场后再对外发盘，以争取有利条件成交。

询盘与发盘的技巧

三、还盘

还盘(Counter Offer)又称还价，在法律上称为反要约，是指受盘人不同意或不完全同意发盘提出的各项条件，并提出了修改意见，建议原发盘人考虑。可见，还盘是对发盘条件进行添加、限制或其他更改的答复。受盘人的答复如果在实质上变更了发盘条件，就构成对发盘的拒绝，其法律后果否定了原发盘，原发盘即告失效，原发盘人就不再受其约束。

此外，对发盘表示有条件的接受，也是还盘的一种形式。例如，受盘人在答复发盘人时，附加有"待最后确认为准""未售有效"等规定或类似的附加条件，这种答复只能视作还盘或邀请发盘。还盘的内容，如果不具备一项有效发盘应具备的条件，仍视为"邀请发盘"。如果还盘的内容具备发盘条件，就构成一个新的发盘。因此，一项发盘经过受盘人的还盘后即失去效力，除非得到原发盘人的同意，受盘人不得在还盘后反悔，再接受原发盘。

❖ 案例启迪 2-4

我出口公司于 7 月 9 日用 E-mail 向德商发盘销售商品，限 7 月 13 日复到。7 月 10 日收到德商发来 E-mail 称：如价格减 10%可接受。我尚未对德商作出答复，由于该商品国际市价剧涨，德商又于 7 月 11 日来 E-mail 表示：无条件接受你 7 月 9 日发盘，请告知合同号码。试问：在此情况下，我方应如何处理？

范例： Your 12th counter offer Sterling 480 CIF Toronto reply here 17th.

你 12 日电还盘 480 英镑 CIF 多伦多 17 日复到有效。

四、接受

(一) 接受的含义

接受(Acceptance)在法律上称为承诺，是指受盘人在发盘的有效期内，以声明(Statement)或行为(Activity)表示同意发盘提出的各项交易条件，并愿意按这些条件和对方达成交易、订立合同的一种表示。接受的实质是对发盘表示同意。接受和发盘一样，既属于商业行为，也属于法律行为。接受产生的重要法律后果是交易达成，合同成立。

范例： Your 15th accept MAXAM toothpaste Art No.11 Packed cartons of 10 dozen each sterling 31/gross CIF Tokyo December shipment sight credit please advise contract number.

你 15 日电接受美加净牙膏货号 11、纸箱装每箱 10 打、每罗 31 英镑 CIF 东京、12 月装即期信用证，请告合同号。

(二) 构成法律上有效接受的必备条件

有效接受的必备条件包括以下几点：

(1) 接受必须由特定的受盘人做出。

如前所述，一项有效的发盘是向一个或一个以上特定的人提出的，因此，只有特定的人才能对发盘做出接受。由第三者通过某种途径获悉不是向其做出的发盘，而向发盘人表示接受，该接受不能视为有效，发盘人不受约束，只能视为第三者向原发盘人做出的一项新的发盘，原发盘人表示同意接受，否则合同不能成立。

(2) 接受必须明确表示出来。

受盘人的接受必须以某种方式向发盘人明确表示出来。根据《公约》的规定，受盘人对发盘表示接受，既可以通过口头或书面形式向发盘人发表声明的方式接受，也可以通过其他实际行动来表示接受。

> **课堂讨论：**
> 受盘人表示接受时，是否不能对发盘内容作丝毫的变更？

(3) 接受必须与发盘条件相符。

按照传统法律规则，受盘人对一项发盘必须无保留地同意，即接受的内容必须同对方发盘的各项交易条件严格一致。任何添加、更改或限制，在法律上称为有条件的接受，不能称为有效的接受，而是拒绝该项发盘，并构成还盘。

❖ **案例启迪 2-5**

A 国商人将从别国进口的初级产品转卖，向 B 国商人发盘，B 国商人复电接受发盘，同时要求提供产地证。两周后，A 国商人收到 B 国商人开来的信用证，正准备按信用证规定发运货物时，获商检机构通知，因该货物非本国产品，不能签发产地证。A 国商人电请 B 国商人取消信用证中要求提供产地证的条款，遭到拒绝，于是引起争议。A 国商人提出，其对提供产地证的要求从未表示同意，依法无此义务，而 B 国商人坚持 A 国商人有此义务。请根据《公约》的规定，对此案做出裁决。

(4) 必须在发盘的有效期内接受。

发盘一般都规定有效期，受盘人只有在有效期内表示接受才有效。对于接受的生效问题，《公约》采用"到达生效"原则：接受于到达发盘人时生效，这是对采用书面形式接受时的规定。当发盘规定了接受的时限时，受盘人必须在发盘规定的时限内做出接受，方为有效。如发盘没有规定接受的时限，则受盘人应在合理时间内表示接受。

逾期接受(Late Acceptance)又称迟到的接受，即接受通知未在发盘规定的有效期内送达发盘人，或发盘没有规定时限而在合理时间内未送达发盘人。

各国法律一般认为逾期接受无效，它只能被视作一个新的发盘，需在原发盘人确定后，交易方能成立。《公约》规定，只要发盘人毫不迟延地用口头或书面形式通知受盘人，认为该项逾期的接受可以有效，合同仍可于接受通知送达发盘人时订立。如果发盘人对逾期的接受表示拒绝或不立即向受盘人发出上述通知，则该项逾期的接受无效，合同不能成立。另外，《公约》还规定，如果载有逾期接受的信件或其他书面文件显示，依照当时寄发情况，只要传递正常并能够及时送达发盘人的，则此项逾期的接受应当有效，合同于接受通知送达发盘人时订立。除非发盘人毫不延迟地用口头或书面形式通知受盘人，认为其发盘因逾期接受而失效。

> **课堂小思考：**
> 接受可否撤销？

(三) 接受的撤回

按照一般惯例和法律的规定，接受在传达到发盘人时生效。因此，在接受通知送达发盘人之前，受盘人可以随时撤回接受，即阻止接受生效，但以撤回通知先于接受或与接受通知同时到达发盘人为限。

接受通知已经达到发盘人，则不能撤销，因为，接受已经生效，合同即告成立，如要撤销，在实质上属于毁约行为。

❖ **案例启迪 2-6**

我国某公司于周一上午 9 时向美商以电报发盘。公司原定价为每公吨 500 美元 CIF 旧金山，但我方工作人员由于工作疏忽而误报为每公吨 500 人民币元。请分析下述三种情况应当如何处理较为妥当：

① 在当天下午发现问题。

② 在第二天上午 9 时发现，客户尚未接受。

③ 在第二天上午 9 时发现，但客户已经接受。

(四) 接受应注意的问题

1. 我方表示接受应注意的问题

(1) 在接受前应详细分析对外报盘的真实意思，准确识别是发盘还是询盘，以免陷于被动。

(2) 应对洽商的函电或谈判记录进行认真核对，经核对认为对方提出的各项交易条件已明确、完整、无保留条件时，才予以接受。

(3) 接受应在对方发盘或还盘的有效期内进行，并应严格遵守有关时间的计算规定。

外贸谈判
技巧与表达

2. 国外客户表示接受应注意的问题

(1) 认真分析客户接受是有效的接受还是有条件的接受。如果是前者，交易即告达成；如果是后者，若构成实质性变更，则属还盘，应根据我方的经营意图决定是否继续交易磋商。

(2) 坚守"重合同、守信用"原则，只要对方接受有效，即便出现对我不利的变化，如货价涨跌、汇率变动等，仍应订立合同，维护我方信誉。

任务三　合同的签订与履行

一、出口合同的履行

在我国出口贸易中，多数按 CIF 条件成交，并按信用证支付方式收款，履行这种出口合同涉及面广，工作环节多，手续繁杂，且影响履行的因素很多。为了提高履约率，各外贸公司必须加强同有关部门的协作与配合，力求把各项工作做到精确细致，尽量避免出现脱节情况，要做到环环紧扣、井然有序。出口合同的履行一般包括备货、催证、审证、改证、租船、订舱、报检、报关、保险、装船、制单、结汇等工作环节。在这些工作环节中，以货(备货)、证(催证、审证、改证)、船(租船、订舱)、款(制单、结汇)四个环节的工作最为重要。只有做好这些环节的工作，才能防止出现"有货无证""有证无货""有

外销员岗位规范

货无船""有船无证""单证不符"或违反装运期等情况。

二、进口合同的履行

我国进口货物，多数按 FOB 条件并采用信用证付款方式成交。按此条件签订的进口合同其履行的一般程序包括开立信用证、租船、订舱、接运货物、办理货运保险、审单付款、报关提货、验收与拨交和办理索赔等。

教学做一体化训练

项目 3 熟悉国际贸易术语

1. 知识目标

(1) 了解与贸易术语相关的国际惯例；

(2) 理解贸易术语的作用；

(3) 掌握《2020 年通则》中的主要贸易术语的解释。

2. 技能目标

能正确选用贸易术语成交。

【任务引入】

根据加拿大国际贸易公司对 5000 件女士真丝衬衫的询购，为了简化交易程序，明确买卖双方的风险、责任和费用，浙江长征纺织品进出口公司业务员王新需要与对方商谈交货条件。

任务：请为此笔交易选择合适的贸易术语。

【任务分析】

买卖合同中，交易货物的成交价格和买卖双方在履行合同中各自承担的责任义务、费用和风险密切相关。因此，在磋商交易货物的价格前，通常先就这些细节逐一进行磋商。例如，卖方还是买方负责出口清关？哪一方负责订立运输合同？哪一方负责投保货物运输险？卖方承担到何处的费用？卖方应在何处交货？货物运输风险在何处转移给买方？

通常情况下，货物的成交价格与卖方承担的责任义务、费用和风险呈正比。即当卖方承担的责任义务越多，负担的费用越高，风险转移得越慢时，成交价格就越高。反之，则越低。在本次磋商任务中，谈判双方首先应列出在履行合同过程中，与交货有关的主要责任义务有哪些，费用划分点和风险转移点通常有哪些选择，然后才能逐一进行磋商。磋商的过程中需要考虑的是：这些责任义务由哪一方承担才更有效率，更加合理。

贸易故事

任务一 国际贸易惯例认知

进出口贸易比国内贸易复杂，从一国出口到另一国进口往往要经过诸多环节。任何一个环节出现差错都将影响整笔交易的顺利进行。因此，买卖双方在交易磋商过程中，通常要对责任义务、费用和风险等每一个环节进行反复磋商，并为此耗费大量时间和费用，影响着交易的顺利达成。贸易术语的出现解决了这一难题，它能用三个简短的字母来概括买卖双方的有关责任、费用和风险的划分，从而简化了交易磋商的内容，缩短了成交时间，节省了业务费用。

一、贸易术语的定义

贸易术语(Trade Term)又称价格条件(Price Term)，是指用一个简短的概念或三个英文字母缩写来说明商品的价格构成，说明货物在交易过程中的有关费用、风险和责任的划分，主要表现在确定交货地点、风险转移点、费用划分点，明确进出口通关手续及费用的负担和明确提供有关单据的责任，它是进出口贸易中商品单价的一个重要组成部分。

贸易术语的含义

二、关于贸易术语的主要国际惯例

国际贸易惯例是在长期的进出口贸易实践中逐步发展和形成的、具有普遍意义的一些习惯做法和解释，经过有关国际组织的编纂与解释成为规则、条文，并为较多的国家或贸易团体所熟悉、承认和采用。到目前为止，有关贸易术语的国际惯例主要有三种。

(一)《1932 年华沙-牛津规则》

《1932 年华沙-牛津规则》(Warsaw-Oxford Rules 1932)是国际法协会于 1928 年在华沙举行会议，专门为解释 CIF 合同而制定的，后又经过 1930 年纽约会议、1931 年巴黎会议和 1932 年牛津会议修订。本规则主要说明了 CIF 买卖合同的性质和特点，并且具体规定了 CIF 合同中买卖双方所承担的费用、责任和风险。目前国际上已很少采用。

(二)《1990 年美国对外贸易定义修订本》

《1990 年美国对外贸易定义修订本》(Revised American Foreign Trade Definitions 1990)最早是由美国九个商业团队于 1919 年在纽约制定的，原称为《美国出口报价及其缩写条例》。后来于 1941 年由美国商会、美国进口商全国委员会以及对外贸易委员会三大机构组成的联合委员会对该规则作了修订，改称为《1941 年美国对外贸易定义修订本》。后又于 1990 年对其再次修订，称为《1990 年美国对外贸易定义修订本》，它在美洲国家有较大影响。该惯例共包括了六种贸易术语，它们分别是：

《美国对外贸易定义修订本》对 6 种贸易术语的解释

(1) Ex(Point of Origin，产地交货)；
(2) FOB(Free on Board，在运输工具上交货)；
(3) FAS(Free Alongside Ship，在运输工具旁边交货)；
(4) C&F(Cost and Freight，成本加运费)；
(5) CIF(Cost Insurance and Freight，成本加保险费、运费)；
(6) Ex Dock(目的港码头交货)。

(三)《2020 年国际贸易术语解释通则》

《国际贸易术语解释通则》(International Rules for the Interpretation of Trade Terms，INCOTERMS)是国际商会为统一各种贸易术语的不同解释于 1936 年制定的。随后，为适应进出口贸易实践发展的需要，国际商会先后于 1953 年、1967 年、1976 年、1980 年、1990 年、1999 年、2010 年和 2020 年进行过多次修订和补充。最新的贸易术语解释通则简称为《2020 年通则》，于 2019 年 9 月 10 日公布，2020 年 1 月 1 日开始在全球实施。

《2020 年通则》

国际商会

《2020 年通则》将 11 个贸易术语划分为特征鲜明的两大组，见表 3-1。

表 3-1　《2020 年通则》对贸易术语的分类

组别	术语缩写	术语英文名称	术语中文名称
第一组：适用于任何运输方式或多种运输方式组	EXW	EX WORKS	工厂交货
	FCA	FREE CARRIER	货交承运人
	CPT	CARRIAGE PAID TO	运费付至
	CIP	CARRIAGE AND INSURANCE PAID TO	运费、保险费付至
	DPU	DELIVERED AT PLACE UNLOADED	卸货地交货
	DAP	DELIVERED AT PLACE	目的地交货
	DDP	DELIVERED DUTY PAID	完税后交货
第二组：适用于海运及内河水运组	FAS	FREE ALONGSIDE SHIP	装运港船边交货
	FOB	FREE ON BOARD	装运港船上交货
	CFR	COST AND FREIGHT	成本加运费
	CIF	COST INSURANCE AND FEEIGHT	成本加保险费、运费

三、使用国际贸易惯例应注意的问题

有关贸易术语的国际贸易惯例是国际组织或权威机构把在进出口贸易长期实践中形成的习惯做法加以总结、编撰、解释而形成的，它本身并不是法律。但在下列情况下，国际贸易惯例具有法律约束力：

(1) 当贸易双方都同意采用某种惯例来约束该项交易，并在合同中做出明确规定时，它便具有强制性。交易双方可以自主决定是否采用某种惯例，并有权在合同中做出与某种惯例不符的规定。当合同中规定的与国际惯例相冲突时，以合同的规定为准。

❖ **案例启迪 3-1**

中国某公司出口一批货物到德国，途中货物遭遇暴风雨而全部损失，买卖双方因买方是否该支付货款而发生争执。

卖方：我方已按规定交货，你方应付款。

买方：船已沉，我方没有收到货物，如何付款？

卖方：合同规定适用《2020 年通则》，我方不承担运输途中的风险。

买方：可是合同规定"货物到达目的港时付款"。

卖方：按照惯例，你方应该付款。

买方：按照合同，我方无须付款。

请问哪一方更有理？

(2) 当国家法律有明确规定时，对当事人有约束力。国际贸易惯例虽不是法律，但对法律有重要的补充作用。我国法律规定，中华人民共和国法律未作规定的，可以使用国际惯例。

(3)《公约》规定，合同没有排除的惯例、已经知道或应当知道的惯例、经常使用或反复遵守的惯例都适用于合同。

由于国际贸易惯例经常会修订，因此买卖双方在合同中约定采用某种国际贸易惯例时，应在合同中明确注明所采用的国际惯例的版本年份。

任务二　国际贸易术语认知

《2020 年通则》的 11 个贸易术语中，常用的 6 个贸易术语是 FOB、CFR、CIF、FCA、CPT 和 CIP。尤其是 FOB、CFR 和 CIF 被广泛使用。

一、装运港交货的三种常用贸易术语

（一）FOB

11 种贸易术语解析

FOB，Free on Board(… named port of shipment)，即装运港船上交货(……指定装运港)。采用 FOB 术语成交，卖方应在约定的装运港将货物装到买方指定的船上或通过取得已装船货物的方式交货。货物灭失或损坏的风险在货物交到船上时转移，同时买方承担自那时起的一切风险。买卖双方分别承担的责任、费用和风险如表 3-2 所示。

表 3-2　FOB 术语下买卖双方承担的责任、费用和风险划分

	卖　方	买　方
主要责任	· 负责办理出口清关手续 · 负责在约定日期内，按港口习惯方式，在指定装运港将货物置于买方指定船只上或以取得已装船货物的方式交货 · 负责充分通知买方已按规定交货或船舶未在约定时间收取货物 · 负责向买方提供已按规定交货的通常运输凭证	· 负责办理进口清关手续及从他国过境的海关手续 · 负责签订自装运港起运货物的运输合同 · 负责充分通知卖方船舶名称、装船日、交货时间(需要买方选择时) · 负责收取按规定交付的货物和交货凭证，并支付价款
费用	· 承担货物在指定装运港被装上买方指定船只前与货物相关的一切费用 · 承担出口清关所需费用和一切税款	· 承担货物在指定装运港被装上买方指定船只后与货物相关的一切费用 · 承担进口清关手续、进口关税及需经他国过境时所应缴纳的一切税款
风险	· 承担按规定将货物装上船前的一切风险	· 承担按规定将货物装上船时起的一切风险

使用 FOB 术语应注意以下问题：

(1) 船货衔接问题。

使用 FOB 术语时，卖方在装运港将货物装上船时完成交货，而载货船舶由买方负责租船订舱，所以买卖双方必须注意船货衔接问题。为了避免发生买方船到而卖方未备妥货物或卖方备妥货物而不见买方载货船舶的情况，买卖双方必须相互给予充分的通知。如卖方及时将备货进度告知买方，以便买方适时租船订舱。买方租船订舱后也应及时将船名、航次、预计到达装运港的时间通知卖方，以便卖方做好交货准备。

❖ **案例启迪 3-2**

中国 A 公司分别和日本 B 公司、韩国 C 公司签订了出口 3000 公吨和 2000 公吨大米的合同。贸易术语是 FOB 大连，交货时间分别为 8 月 25 日前和 8 月底前。为了节省运费，A 公司一次性将 5000 公吨大米交到大连港码头仓库，要求码头在进口方派船到港后分拨并先后装船。但直到 8 月 27 日，日本 B 公司本该派来的船只仍未到港接货。8 月 28 日，一场大雨淋湿了仓库的大米，经全力抢救，还是损失了 3000 公吨。A 公司认为损失发生在 8 月 25 日之后，应由 B 公司承担赔偿责任。你认为 A 公司的赔偿要求是否合理？为什么？

(2) 装船费用负担问题。

按照 FOB 定义，卖方负责支付货物装上船只之前的一切费用，买方负责货物装上船只之后的一切费用。但是，在实际业务中，根据不同租船方式，允许买卖双方在具体洽谈时，对责任和费用(包括将货物运至船边的费用、吊装上船的费用、理舱平舱的费用等)如何承担和划分做出明确规定。双方若在 FOB 术语后加上附加条件就形成了 FOB 的变形，如表 3-3 所示。

表 3-3　常见 FOB 术语的变形类型

FOB Liner Terms	FOB 班轮条件	装船费用由买方承担 (船方负责装卸，费用计入运费)
FOB Under Tackle	FOB 吊钩下交货	装船费用由买方承担
FOB Stowed	FOB 包括理舱费	装船费用包括理舱费在内，由卖方承担
FOB Trimmed	FOB 包括平舱费	装船费用包括平舱费在内，由卖方承担

FOB 术语的上述变形只是为了表明装船费用由谁负担的问题而产生的，它们并不改变 FOB 的交货地点以及风险划分的界限。

(二) CFR

CFR 术语的全称是 Cost and Freight(... named port of destination)，即成本加运费(指定目的港)，是指卖方在船上交货或以取得已装船货物的方式交货。货物灭失或损坏的风险在货物交到船上时转移。卖方须签订将货物运至指定目的港的合同，并支付必要的成本和运费。买卖双方分别承担的责任、费用和风险如表 3-4 所示。

表 3-4　CFR 术语下买卖双方承担的责任、费用和风险划分

	卖　方	买　方
主要责任	· 负责办理出口清关手续 · 负责签订运输合同，将货物自约定交货点由通常航线和通常船舶运送至指定目的港交付点 · 负责在约定日期内，按港口习惯方式，在指定装运港将货物装上船或以取得已装船货物的方式交货 · 负责充分通知买方已按规定交货 · 不得延迟向买方提供到约定目的港的通常运输凭证	· 负责办理进口清关手续及从他国过境的海关手续 · 当买方有权决定货物装船时间和指定目的港内收取货物点时，买方必须充分通知卖方 · 负责收取按规定交付的货物和运输凭证，并支付价款
费用	· 承担货物在指定装运港被装上买方指定船只前与货物相关的一切费用 · 承担将货物运至约定目的港卸货的包括装货费、运费和运输合同规定由卖方支付的卸货费在内的一切费用 · 承担出口清关所需费用和一切税款	· 承担货物在指定装运港被装上船起与货物相关的一切费用，按运输合同由卖方支付的除外 · 承担进口清关手续、进口关税及需经他国过境时所应缴纳的一切税款
风险	· 承担按规定将货物装上船前的一切风险	· 承担按规定将货物装上船时起的一切风险

使用 CFR 术语应注意以下问题。

(1) 装船通知问题。

因为在 CFR 术语下，卖方负责安排运输，而买方自行办理保险，因此在货物装上船后，卖方必须及时向买方发出已装船通知，以便买方及时向保险公司投保。如果卖方没有及时发出装船通知，致使买方没有及时办理保险，那么货物在海运途中的风险将由卖方承担。可见，在 CFR 条件下的装船通知具有极为重要的意义。

❖ 案例启迪 3-3

我国某公司按 CFR 术语与英国 A 客户签约成交，合同规定保险由买方自理。我方于 9 月 1 日凌晨 2 点装船完毕，受载货轮于当日下午起航。因 9 月 1 日、2 日是周末，我方未及时向买方发出装船通知。3 日上班收到买方急电称，货轮于 2 日下午 4 时遇难沉没，货物灭失，要求我方赔偿全部损失。请问：我方应赔偿吗？

(2) 卸货费用负担问题。

CFR 术语下，卸货费用究竟由何方负担，买卖双方应在合同中订明。为了明确责任，可在 CFR 后加列表明卸货费由谁负担的具体条件。这样，就出现了 CFR 术语的变形，如表 3-5 所示。

表 3-5　常见 CFR 术语的变形类型

CFR Liner Terms	CFR 班轮条件	卸货费用由卖方承担
CFR Landed	CFR 卸至岸上	装船费用由卖方承担，其中包括驳运费在内
CFR Ex Tackle	CFR 吊钩下交货	卖方负责将货物从船舱吊起卸到船舶吊钩所及之处(码头上或驳船上)的费用；在船舶不能靠岸的情况下，租用驳船的费用和货物从驳船卸到岸上的费用，由买方承担
CFR Ex Ship's Hold	CFR 舱底交货	货物运到目的港后，由买方自行启舱，并负担货物从舱底卸到码头的费用

应当指出，CFR 术语的变形，只是为了明确卸货费用由何方负担，其交货地点和风险划分的界限，并无任何改变。

(三)　CIF

CIF 的全称是 Cost Insurance and Freight(… named port of destination)，即成本、保险费加运费(指定目的港)，指卖方在船上交货或以取得已装船货物的方式交货。货物灭失或损坏的风险在货物交到船上时转移。卖方须签订将货物运至指定目的港的合同，支付必要的成本和运费，以及为买方在运输途中货物的灭失或损坏风险办理保险。买卖双方分别承担的责任、费用和风险如表 3-6 所示。

表 3-6　CIF 术语下买卖双方承担的责任、费用和风险划分

	卖　　方	买　　方
主要责任	• 负责办理出口清关手续 • 负责签订运输合同，将货物自约定交货点由通常航线和通常船舶运送至指定目的港交付点 • 负责与信誉良好的承保人或保险公司签订保险合同 • 负责在约定日期内，按港口习惯方式，在指定装运港将货物置于买方指定船只上或以取得已装船货物的方式交货 • 负责充分通知买方已按规定交货 • 不得延迟向买方提供到约定目的港的通常运输凭证	• 负责办理进口清关手续及从他国过境的海关手续 • 当买方有权决定货物装船时间和指定目的港内收取货物点时，买方必须充分通知卖方 • 负责收取按规定交付的货物和运输凭证，并支付价款
费用	• 承担货物在指定装运港被装上买方指定船只前与货物相关的一切费用 • 承担将货物运至约定目的港卸货的包括保险费、装货费、运费和运输合同规定由卖方支付的卸货费在内的一切费用 • 承担出口清关所需费用和一切税款	• 承担货物在指定装运港被装上船起与货物相关的一切费用，按运输合同由卖方支付的除外 • 承担进口清关手续、进口关税及需经他国过境时所应缴纳的一切税款
风险	承担按规定将货物装上船前的一切风险	承担按规定将货物装上船时起的一切风险

使用 CIF 术语应注意以下问题：

(1) 保险险别问题。

以 CIF 条件成交时，卖方负责办理投保，支付保险费。但根据《2020 通则》的解释，卖方只需投保最低险别即可。最低保险金额是合同规定价款加成 10%(即 110%)，保险时应以合同货币投保。

(2) 卸货费用负担问题。

CIF 术语的变形与 CFR 术语的变形相同。

(3) 象征性交货问题。

象征性交货是指卖方只是按期在约定地点完成装运，并向买方提交合同规定的包括物权凭证在内的有关单据，就算完成了交货义务，而无需保证到货。即卖方凭单据交货，买方凭单据付款。只要卖方在装船后提交齐全和正确的单据，买方就必须付款，即使货物在途中发生灭失或损坏，买方也不得拒付货款，只能凭所取得的货运单据，向轮船公司或保险公司交涉索赔。

关于象征性交货和实际交货问题

❖ **案例启迪 3-4**

我方按 CIF 条件进口一批床单，货物抵达后发现床单在运输途中部分受潮，而卖方已如期向我方递交了合同规定的全套合格单据并要求我方支付货款。请问：我方能否以所交货物受潮而拒付货款并向卖方提出索赔？

> 课堂讨论：
> FOB、CFR、CIF 术语的相同点和区别有哪些？

二、货交承运人的三种常用贸易术语

(一) FCA

FCA 的全称是 Free Carrier(… named place)，即货交承运人(指定交货地点)，是指卖方在卖方所在地或其他地点将货物交给买方指定的承运人或其他人。风险自交货地点转移至买方。买卖双方分别承担的责任、费用和风险如表 3-7 所示。

表 3-7　FCA 术语下买卖双方承担的责任、费用和风险划分

	卖　方	买　方
主要责任	・负责办理出口清关手续 ・负责在约定日期内，在指定地点或指定地点的约定点，将货物交付给买方指定的承运人或其他人 ・负责充分通知买方已按规定交货或买方指定承运人或其他人未在约定时间收取货物 ・负责向买方提供已按规定交货的通常证据	・负责办理进口清关手续及从他国过境的海关手续 ・负责签订自指定交货地点起运货物的运输合同 ・负责充分通知卖方指定承运人或其他人的姓名、运输方式、指定地点内的交货点、收取货物时间 ・负责收取按规定交付的货物和交货凭证，并支付价款

	卖 方	买 方
费用	• 承担货物按规定交付前与货物相关的一切费用 • 承担出口清关所需费用和一切税款	• 承担货物按规定交付后与货物相关的一切费用 • 承担进口清关手续、进口关税及需经他国过境时所应缴纳的一切税款
风险	• 承担按规定交付货物前的一切风险	• 承担按规定交付货物时起的一切风险

FCA 后面插入的是指定交货地点。如果指定交货地点是卖方所在地,则卖方负责装货,即当货物被装上买方指定的承运人或其代理人的收货运输工具上时,卖方完成了交货义务;如果指定交货地点是其他地点,则卖方不负责卸货,即当自己所提供的送货运输工具置于买方指定承运人或其代理人处置时,卖方即完成交货义务。

(二) CPT

CPT 术语的全称是 Carriage Paid To(… named place of destination),即运费付至指定目的地,是指卖方将货物在买卖双方的约定地点交给卖方指定的承运人或代理人。当卖方将货物交付给承运人时,而不是当货物到达目的地时,即完成交货。卖方必须签订运输合同并支付将货物运至指定目的地所需的费用。买卖双方分别承担的责任、费用和风险如表 3-8 所示。

表 3-8 CPT 术语下买卖双方承担的责任、费用和风险划分

	卖 方	买 方
主要责任	• 负责办理出口清关手续 • 负责签订运输合同,将货物自约定交货点由通常航线和习惯方式运送至指定目的港交付点 • 负责在约定日期内,将货物交给已签订运输合同的承运人 • 负责充分通知买方已按规定交货 • 不得延迟向买方提供通常的运输凭证	• 负责办理进口清关手续及从他国过境的海关手续 • 当买方有权决定货物装船时间和指定目的港内收取货物点时,买方必须充分通知卖方 • 负责收取按规定交付的货物和运输凭证,并支付价款
费用	• 承担按规定交货前与货物有关的一切费用 • 承担将货物运至约定目的地卸货的包括装货费、运费和运输合同规定由卖方支付的卸货费在内的一切费用 • 承担出口清关所需费用和一切税款	• 承担卖方按规定交货时起与货物相关的一切费用,按运输合同由卖方支付的除外 • 承担进口清关手续、进口关税及需经他国过境时所应缴纳的一切税款
风险	• 承担按规定交货前的一切风险	• 承担按规定交货时起的一切风险

在 CPT 合同中,卖方负责安排运输,而买方由于承担货交承运人之后的风险,通常会投保运输保险。为了避免两者脱节,造成货物装运(货交承运人监管)后失去对货物必要的保险保障,卖方在交付货物后应及时向买方发出装运通知,否则卖方也要承担违约损害赔

偿的责任。这一点和 CFR 条件下卖方的责任相同。

(三) CIP

CIP 术语的全称是 Carriage Insurance Paid To(… named place of destination)，即运费、保险费付至指定目的地，是指卖方将货物在买卖双方的约定地点交给卖方指定的承运人或其他人。当卖方将货物交付给承运人时，而不是当货物到达目的地时，即完成交货。卖方必须签订运输合同并承担将货物运至指定目的地所需费用，以及为买方在运输途中货物的灭失或损坏风险办理保险。买卖双方分别承担的责任、费用和风险如表 3-9 所示。

内陆城市企业出口选择 FCA、CPT 和 CIP 术语的好处

表 3-9　CIP 术语下买卖双方承担的责任、费用和风险划分

	卖　　方	买　　方
主要责任	• 负责办理出口清关手续 • 负责签订运输合同，将货物自约定交货点由通常航线和习惯方式运送至指定目的港交付点 • 负责与信誉良好的承保人或保险公司签订保险合同 • 负责在约定日期内，将货物交给已签订运输合同的承运人 • 负责充分通知买方已按规定交货 • 不得延迟向买方提供通常的运输凭证	• 负责办理进口清关手续及从他国过境的海关手续 • 当买方有权决定发货时间和/或指定目的地交付点时，买方必须充分通知卖方 • 负责收取按规定交付的货物和运输凭证，并支付价款
费用	• 承担按规定交货前与货物相关的一切费用 • 承担将货物运至约定目的地卸货的包括保险费、装货费、运费和运输合同规定由卖方支付的卸货费在内的一切费用 • 承担出口清关所需费用和一切税款	• 承担卖方按规定交货时起与货物相关的一切费用，按运输合同由卖方支付的除外 • 承担进口清关手续、进口关税及需经他国过境时所应缴纳的一切税款
风险	• 承担按规定交货前的一切风险	• 承担按规定交货时起的一切风险

课堂讨论：
FCA、CPT 和 CIP 之间有什么异同？

三、其他五种贸易术语

(一) EXW

EXW 术语的全称是 Ex Works(… named place)，即工厂交货(指定地点)，是指卖方在其所在地或其他指定地点(如工厂、车间或仓库等)将货物交给买方，即履行了交货义务，卖方不办理出口清关手续或将货物装上任何运输工具。该术语是卖方承担责任最小，买方责任最大的术语。买方必须承担在卖方所在地受领货物的全部费用和风险。因此，如果买方不能直接或间接办理(委托卖方协助办理)出口清关手续，则不应使用该术语，而应用 FCA 术语。

(二) FAS

FAS 术语的全称是 Free Alongside Ship(… named port of shipment)，即装运港船边交货(指定装运港)，是指卖方在指定的装运港将货物交到买方所指派的船只的船边即完成交货义务。货物的灭失或损坏的风险在货物交到船边时发生转移，同时买方承担自那时起的一切费用。

(三) DPU

DPU 术语的全称是 Delivered at Place Unloaded(… named place of destination)，即卸货地交货，是指卖方在指定的目的地卸货后完成交货。卖方承担将货物运至指定的目的地的运输风险和费用。

DPU 是《2020 年通则》中的国际贸易术语，由《2010 年通则》中的 DAT 修改而来，主要修改原因是为了强调卸货地不一定是"终点站"。

(四) DAP

DAP 术语的全称是 Delivered at Place(… named place of destination)，即目的地交货(指定目的地)，是指卖方在指定目的地将还在运输工具上可供卸载的货物交由买方处置时，即为交货。卖方承担将货物运送至指定地点的一切风险。

(五) DDP

DDP 术语的全称是 Delivered Duty Paid(… named place of destination)，即完税后交货(指定目的地)，是指卖方在指定目的地，将仍处于抵达的运输工具上，但已完成进口清关手续，可供卸载的货物交由买方处置时，即完成交货义务。卖方须承担将货物运至目的地的一切风险和费用，办理进口清关手续，交纳相关进口税费。所以，DDP 术语是《2020 年通则》的 11 种贸易术语中卖方承担责任、费用和风险最大的一种术语。如果卖方不能直接或间接地取得进口许可证，则不能使用本术语。如果双方希望买方承担货物进口的风险和费用，则应使用 DAP 术语。

四、选用贸易术语时应考虑的因素

进出口贸易中，可供买卖双方选用的贸易术语有很多，由于各种贸易术语都有其特定的含义，不同的贸易术语，买卖双方所承担的责任、义务、风险也不同，因此，贸易术语的选择直接关系到买卖双方的经济利益。图 3-1 是《2020 年通则》中规定的 11 种贸易术语风险划分点/交货点示意图。

《2020 年通则》
11 种贸易术语总结

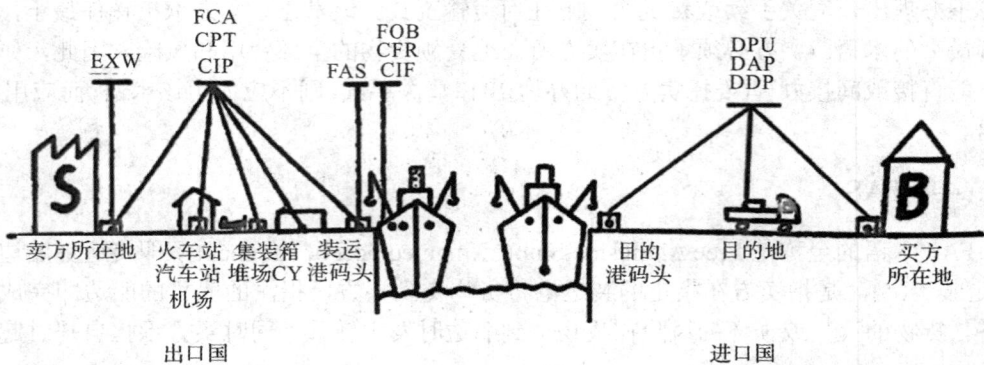

图 3-1　《2020 年通则》中 11 种贸易术语交货点/风险点示意图

一般来说，选用贸易术语时应考虑以下因素。

(一) 运输方式

由于不同的贸易术语适用的运输方式不同，买卖双方采用何种贸易术语，首先应考虑采用何种运输方式。即根据货物的运输方式选择贸易术语，如空运或陆运的情况下，就不适合采用 FOB、CFR 和 CIF 这三个传统的贸易术语。

(二) 运输成本因素

运费成本在价格中占有很大的比重，因此，在选择贸易术语时要核算运费成本。总体来说，当自身安排运输比对方安排运输更合算时，宜争取由自身安排运输的条件成交，否则，应酌情选择让对方安排运输的术语。另外，运价上涨时，出口可考虑以 FOB 成交，以避免因运价上涨所造成的损失；反之，运价下跌时，出口可考虑以 CIF 或 CFR 成交，以便节省运费。

(三) 货物的控制权

进出口贸易的风险很大，在和不熟悉的客户交易时，控制货权的一方往往会更加主动。一般来说，为了避免进口方因行情变化等原因不派船或不指派承运人，或者进口方指派的承运人无单放货，出口时鼓励采用自身安排运输的方式成交，如 CFR、CIF、CPT 和 CIP 等；反之，为了避免出口方和船方或其他运输方勾结诈骗，进口时鼓励采用以自身安排运输的方式成交，如 FCA、FAS、FOB 等。

(四) 运输风险的程度

在进出口贸易中，交易的商品一般需要通过长途运输才能到达目的地，货物在运输过程中可能遇到自然灾害、意外事故等风险，特别是当遇到战争或在正常的进出口贸易遭到人为障碍与破坏的时期和地点，则运输途中的风险更大。因此，出口方一般都不愿意用目的地交货类的贸易术语，如 DPU、DAP、DDP；进口方一般不愿意用出口国内陆交货的贸易术语，如 EXW。

（五）国外港口装卸条件和港口惯例

各国港口装卸条件不同，装卸费和运费水平也不一样，且某些港口还有一些习惯做法，交易中往往难以把握。如果进口时，国外装运港的条件较差，装运效率较低，费用较高，则力争采用 CIF 或 CFR 术语，或者通过贸易术语的变形明确由出口方承担装货费；反之，出口时如果目的港条件较差，费用较高，则应力争用 FOB 术语成交，或通过贸易术语变形来规避承担卸货费的责任。

（六）其他因素

除了上述的五个重要因素外，进出口方选择贸易术语时还应考虑外汇收支情况，即出口鼓励采用 CFR 或 CIF 术语，这样可以增加外汇收入；而进口鼓励采用 FOB 术语，这样可以减少运费和保险费的外汇支出。另外，选用贸易术语时还应适当考虑本国保险业和运输业的情况，进口时争取采用 FOB 术语，出口时争取采用 CIF 术语，都将有利于促进本国保险业和运输业的发展。

❖ 案例启迪 3-5

我某外贸企业向国外一新客户订购一批初级产品，按 CFR 中国某港口、即期信用证付款条件达成交易，合同规定由卖方以定程租船方式将货物运交我方。我开证银行也凭国外议付行提交的符合信用证规定的单据付了款。但装运船只一直未到达目的港，后经多方查询，发现承运人原来是一家小公司，而且在船舶起航后不久也已宣告倒闭，承运船舶是一条旧船，船、货均告失踪。此系卖方与船方互相勾结进行诈骗，导致我方蒙受重大损失。试分析：我方应从中吸取哪些教训？

教学做一体化训练

模块二

进出口合同的商定阶段

项目4　商定进出口合同的品名和品质条款

1. 知识目标

(1) 掌握表示商品品质的方法；

(2) 掌握品质机动幅度和品质公差。

2. 技能目标

(1) 选择合适的方法来表示商品的品质；

(2) 会正确运用品质机动幅度或品质公差来灵活订立商品的品质条款；

(3) 正确订立出口商品的品名和品质条款。

【任务引入】

浙江长征纺织品进出口公司已经和客户 Canadian Sunny Garment Import Company 建立了业务关系，且加拿大公司有意购买一批浙江长征纺织品进出口公司的女士真丝衬衫。业务员王新已经和加拿大公司的负责人 Jack 就本次业务进行了业务磋商，现在就出口的女士衬衫的名称和品质展开细致讨论，并准备拟定出口合同中的商品名称及品质条款。

【任务分析】

商品名称和品质是国际货物买卖当事人双方首先需要商定的交易条件，是买卖双方进行交易的物质基础。如果商品的名称和品质不明确，买卖双方也就失去了洽商的依据，无法进行交易。商品的名称和品质是国际货物买卖合同中的主要条款之一。《公约》中规定，卖方的交货必须符合合同约定的质量和规格，否则即构成根本违反合同，买方有权要求损害赔偿，也可以要求对方承担修理、更换、重做、退货、减少价款或报酬的违约责任，甚至拒收货物或撤销合同。

贸易故事

在本次商定任务中，进口方需要考虑如何才能把拟购买的标的物描述清楚；出口方需要考虑是否能按照这个描述交货；表示品质的方法有很多，是否需要全部写进合同里，如果全写进去，会不会给出口方履约带来困难；等等。

任务一　确定品名条款

一、认识品名

商品的名称简称品名(Name of Commodity)，是某种商品区别于其他商品的称呼和概念，比如联想笔记本、华为手机、小天鹅洗衣机、吉利汽车、东北大豆等。商品的名称在一定程度上体现了商品的自然属性、用途以及主要的性能特点。

在国际货物买卖合同中明确商品的名称具有重要意义。根据有关法律和惯例，商品的名称或交易的内容是交易进行的前提和基础。如果卖方交付的货物不符合约定的名称，那么买方有权提出赔偿损失要求，甚至拒收货物或撤销合同。

商品名称的
命名方法

二、品名条款的书写

国际货物买卖合同中，买卖双方订立品名条款时，应注意以下事项：

(1) 内容要明确、具体，避免空泛、笼统的规定(如雅戈尔西服、服装)。

(2) 品名应尽可能使用国际上通行的名称，对于某些新商品的定名及其译名，应力求准确、易懂，并符合国际上的习惯称呼。如"电梯"在美国译为"elevator"，在英国则译为"lift"。

(3) 应从有助于避开贸易壁垒、降低关税、节省运费的角度出发，选用对进出口有利的名称。例如，"轿车模型(儿童用)"更有利；"石膏制品"如果规定为"工艺品"，不但运费率增加，关税也要增加。

品名条款书写
注意事项

❖ 案例启迪 4-1

我国一进出口商出口苹果酒一批，国外开来信用证，货物品名为"Apple Wine"，我方为单证一致起见，所有单据上均用"Apple Wine"。不料货到国外后遭海关扣留罚款，因为该批酒的内外包装上均写的是 Cider 字样，结果外商要求我方赔偿其罚款损失。问：我方对此有无责任？

❖ 案例启迪 4-2

出口合同规定的货物名称为"手工制造书写纸"(Handmade Writing Paper)，买方收到货物后，经检验发现货物的部分制造工序为机械操作，而我方提供的所有单据均表示为手工制造。对方要求我方赔偿，被我方拒绝。主要理由：一是该货物的生产工序基本上是手工操作，而且关键工序完全采用手工操作；二是该交易是经买方当面先看样品成交的，并且实际货物品质也与样品一致，因此，应认为所交货物与商定的品质一致。试分析：此交易引起争议的责任在谁？应如何处理？

任务二　确定合同品质条款

一、商品品质的含义

商品的品质(Quality of Goods)是指商品内在质量和外观形态的综合表现。前者包括商品的物理特性、机械性能、化学成分和生物特征等技术指标；后者包括商品的外形、色泽、款式等。比如机械表，它的内在质量主要指标是走时的准确性，是否符合国际标准的误差，而外观形态则体现在它的造型和款式上，两者相加才能体现出整只表的品质。

根据《联合国国际货物销售合同公约》规定，卖方交货必须符合约定的质量，如卖方交货不符合约定的品质条件，买方有权要求损害赔偿，也可要求修理或交付替代货物，甚至拒收货物和撤销合同。

二、商品品质的表示

进出口贸易中的商品种类繁多，有很多种表示商品品质的方法，归纳起来，可分为以实物表示商品品质和以文字说明表示商品品质两大类，如表 4-1 所示。

表示商品
品质的方法

表 4-1　表示商品品质的方法

以实物表示	以文字说明表示
看货买卖	凭规格买卖
凭样品买卖	凭等级买卖
	凭标准买卖
凭卖方样品买卖	凭说明书和图样买卖
凭买方样品买卖	凭商标或品牌买卖
凭对等样品买卖	凭产地名称买卖

(一) 用实物表示商品品质

1. 看货买卖(Sale by Actual Quality)

看货买卖通常是先由买方或其代理人在卖方所在地验看货物，达成交易后，卖方即应按验看过的商品交付货物，除非货物的缺陷是内在的，否则一般买方不得对品质提出异议。所以，看货买卖通常只适用于一些首饰、珠宝、字画及特定工艺制品等贵重货物及其他现货交易。

2. 凭样品买卖(Sale by Sample)

样品是指从一批商品中抽取出来的或者由生产、使用部门设计、加工出来的，足以代表整批货物品质的少量货物。以样品表示商品品质并以此作为交货依据的，称为凭样品买卖。

根据样品提供方不同，样品买卖又可以分为三种情形：凭卖方样品买卖(Sale by Seller's Sample)、凭买方样品买卖(Sale By Buyer's Sample)、凭对等样品买卖(Sale by Counter Sample)。在出口贸易中，卖方考虑到如果交货品质与买方样品不符，将招致买方索赔甚至退货，因而往往不愿意承接凭买方样品买卖的交易。谨慎的卖方往往会在买方提供样品的情况下，预先加工复制出一个类似的样品交买方确认，这种经确认后的样品，称为"对等样品""回样"或"确认样品"(Confirming Sample)。

凭样品买卖，无论哪一方提供样品，买卖合同中都应该订明，而且日后卖方所交整批货的品质必须与样品相符，所以对交货的一方要求比较高。

样品的操作技巧

范例：Sample：Women's 100% Cotton Dress, Size：M.
　　　样品：女士全棉连衣裙，尺码：M

> **课堂小思考：**
> 　　凭买方样品销售时，为了争取主动，防止日后交货困难，卖方可把"回样"寄交买方，这样就等于把来样成交转变成凭"卖方"样品销售了，你认为是这样吗？

(二) 以文字说明表示商品的品质

1. 凭规格买卖(Sales by specification)

规格是指一些足以反映商品品质的主要指标，如化学成分、含量、纯度、性能、容量、长短、粗细等。规格在进出口贸易中使用最为广泛。某种特定的规格适应特定的用途，一般不能混用。如电池从 1 号到 5 号，长短粗细及电容量都不相等。

范例：China sesame seed，Moisture(max.)8%，Admixture(max.)2%，Oil content(wet basis, ether extract) 52% basis.
　　　中国芝麻，水分不超过 8%，不完善粒不超过 2%，含油量(湿态，乙醚提取物)以 52%作为基础。

2. 凭等级买卖(Sales by Grade)

凭等级买卖是指同一类商品，按规格的差异，分为品质优劣不相同的若干等级进行交易，如大、中、小、重、轻、甲、乙、丙、一级、二级、三级……

范例：Fresh Hen Eggs, shell light brown and clean, even in size.
　　　Grade AA: 60-65 gm per egg
　　　Grade A:　 55-60 gm per egg
　　　Grade B:　 50-55 gm per egg

Grade C:　45~50 gm per egg

Grade D:　40~45 gm per egg

Grade E:　35~40 gm per egg

新鲜鸡蛋，蛋壳浅褐色，干净，大小均匀。

AA 级：每个蛋重 60~65 克；

A 级：每个蛋重 55~60 克；

B 级：每个蛋重 50~55 克；

C 级：每个蛋重 45~50 克；

D 级：每个蛋重 40~45 克；

E 级：每个蛋重 35~40 克。

3. 凭标准买卖(Sale by Standard)

将商品的规格和等级予以标准化，以此标准交易，称为凭标准买卖。ISO 国际标准的农副产品采用以下两种品质。

(1) 良好平均品质(Fair Average Quality,F.A.Q.)，是指一定时期内某地出口货物的平均品质水平，即中等货。

范例：Brazilian Soybean，2020 new crop，F.A.Q.

　　　巴西大豆，2020 年新产，良好平均品质。

(2) 上好可销品质(Good Merchantable Quality,G.M.Q)，是指上好的、可销售的品质。含义不清，我国一般不采用。

4. 凭说明书和图样买卖(Sale by Description and Illustration)

在进出口贸易中，有些电器、仪表、机器等凭说明书和图样买卖。

范例：Quality and technical data to be strictly in conformity with the description submitted by the seller.

　　　品质和技术数据必须与卖方所提供的说明书严格相符。

5. 凭商标或品牌买卖(Sale by Trade Mark or Brand Name)

国际上知名品牌较多采用凭商标或品牌买卖，如红双喜牌乒乓球、凤凰牌自行车或高露洁牙膏。

范例：West Lake Brand Color Television Set，Model：SC378，PAL/BG System，220V，50Hz，2-round-pin plug，with Remote Control.

　　　西湖牌彩色电视机，型号 SC378，制式 PAL/BG，220 伏，50 赫兹，双圆头插座带遥控器。

6. 凭产地名称买卖(Sale by Name of Origin)

景德镇瓷器、泸州老窖、天津红小豆、金华火腿等，就是凭产地名称买卖。

课堂讨论：

业务中，为什么不能用多种方法表示一种商品的品质？

三、合同品质条款的确定

合同的品质条款通常应该列明商品的名称、规格或等级、标准等。不同的商品应该根据其本身的特点来选择表示商品品质的方法。在凭样品买卖时，还应注明样品的编号及寄送日期，并规定交货品质与样品相同。

确定品质条款
注意事项

范例： Quality: Quality to be Strictly as per Sample Submitted by Seller on 10th January, 2020. Sample Number: NT002 Plus Toy Bear Size24.

　　　品质：质量严格按照卖方于 2020 年 1 月 10 日提交的样品，样品号：NT002 玩具熊，尺寸 24。

(一) 品质机动幅度(Quality Latitude)

品质机动幅度是指买方允许卖方所交商品的品质指标可在一定幅度内机动掌握，只要卖方所交货物的品质没有超出机动幅度的范围，买方就无权拒收货物。这种方法主要适用于初级产品品质机动幅度的规定，其方法有三种：

(1) 规定范围，即规定某项品质指标允许有差异的范围。

范例： Cotton Cloth, Width：32/34 inches.

　　　棉布，幅阔 32/34 英寸。

(2) 对商品的品质规格规定上下极限，即使用上下极限的字样，如最小、最低、最少(minimum，min.)；最大、最高、最多(maximum，max.)。

范例： Tungsten Sand Special Grade，Tungsten Trioxide 70%(min.), Tin 0.2%(max.), Sulphur 0.8%(max.).

　　　特级钨砂，三氧化钨最少 70%，锡最多 0.2%，硫最多 0.8%。

(3) 规定上下差异。

范例： C506 Chinese White Duck Feather, Down Content 90%, 1% more or less.

　　　C506 中国白鸭绒，含绒量 90%，溢短装 1%。

(二) 品质公差(Quality Tolerance)

品质公差是指某些工业制成品在生产过程中不能做到精确，可根据国际惯例或经买卖双方同意，对合同的品质指标订立合理的公差。只要卖方交货品质在公差范围内，买方就无权拒收货物或调整价格。例如，允许手表每 48 小时误差 1 秒。

品质公差

❖ **案例启迪 4-3**

我方某公司与越南某客商凭样品成交，出口 1000 件青瓷茶碗。合同中规定复验有效期为货物到达目的港后的 60 天。货物到达目的港经越商复验后，未提出任何异议。但事隔半年，越商来电称：茶碗全部出现釉裂，只能降价出售，越商因此要求我方按成交价格

的 40%赔偿其损失。我方接电后立即查看我方留存的复样，也发现类似情况。问：我方应否同意对方的要求？为什么？

❖ **案例启迪 4-4**

我方某公司与国外某客商成交龙井茶一批，合同规定交易货物为二级茶叶，卖方实际交货时发现二级茶叶库存为零，便在征求买方同意的情况下，以一级茶叶抵充二级茶叶交货，并电告买方"一级茶叶仍按二级茶叶计价，不另外收费"。问：卖方的做法妥当吗？为什么？

课堂讨论：
　　请根据 2020 年的对外贸易统计数据，选择自己所在省份的五类主要进出口商品，从中选择五种商品查找相关品质条款。

教学做一体化训练

项目 5　商定进出口合同的数量条款

【学习目标】

1. 知识目标

(1) 了解约定商品数量的重要性;

(2) 掌握商品的计量单位和计量方法;

(3) 掌握数量条款的内容。

2. 技能目标

(1) 掌握商品重量的计算方法;

(2) 会正确运用溢短装条款来灵活订立商品的数量条款。

【任务引入】

浙江长征纺织品进出口公司已经和客户 Canadian Sunny Garment Import Company 建立了业务关系,业务员王新已经和加拿大公司的负责人 Jack 就女士真丝衬衫的品名和品质条款进行了业务磋商,现在就出口的女士真丝衬衫的各个型号和颜色的具体数量进行进一步沟通,以便在数量上达成共识,然后签订具体的数量条款。

【任务分析】

合同中的数量不仅是买卖交货的依据,还反映了交易规模的大小,影响着交易商品的单价,是国际买卖合同中不可缺少的主要条件之一。《公约》规定,卖方所交货物的数量必须与合同相符。如果卖方所交货物的数量小于合同规定的数量,卖方应在规定的交货期届满前补齐,但不得使买方遭受不合理的不便或承担不合理的开支。即便如此,买方也有权保留要求损害赔偿的权利。反之,卖方所交货物的数量如大于合同规定的数量,买方除了可以拒收超出部分外,也可以收取多交部分中的一部分或全部,但应按合同价格付款。

贸易故事

本次商定任务中,进出口双方需要考虑的问题是:卖方如何确保按合同的数量交货?在商定合同时有哪些条件可以利用?数量的确定要不要考虑运输装载问题?

任务一　数量的表示

一、明确度量衡单位

数量是指以一定度量衡表示的商品的重量、个数、长度、面积、体积和容积的量。确定商品数量时，必须明确采用什么计量单位。计量数量的单位因商品的种类、特性的不同和各国度量衡制度的不同而不同。当前国际常用的度量衡制度有四种：公制、英制、美制、国际单位制。我国自 1991 年 1 月 1 日起采用国际单位制。在出口货物时，除合同规定外，均应使用法定计量单位。

约定商品
数量的重要性

二、合理选用计量单位

在进出口贸易中使用的计量单位很多，具体交易时采用何种计量单位，要由商品的性质、包装的种类、运输方法、市场习惯等方面来决定。

常用度量衡单位

三、选择商品的计重方法

根据一般商业习惯，通常计算重量的方法有下列几种。

1. 毛重(Gross Weight)

毛重指商品自身重量加上包装物的重量，包装物的重量又称皮重。在进出口贸易中，少数价值较低的商品，如粮谷、饲料等农副产品和卷筒新闻纸等，其包装价与商品价相差无几，或因包装本身不便单独计量，常采用按毛重计量的方法，即按毛重作为计算价格和交付货物的基础，称为"以毛作净"(Gross for Net)，俗称"连皮滚"。

范例：100 M/T Broad Beans in single gunny bags of 100kg each, gross for net.

常用的六种
计量单位

　　　100 公吨蚕豆，单层麻袋包装，每袋 100 千克，以毛作净。

2. 净重(Net Weight)

净重指商品自身的重量，即除去其包装物后的实际重量，这是进出口贸易中最常见的计重方法。

3. 公量(Conditioned Weight)

公量是指用科学方法除去商品的实际水分，得出商品的干量后，加上以国际公认的标准回潮率所求得的水分重量。公量适用于棉花、羊毛、生丝等商品，有较强的吸湿性，其所含的水分受客观环境的影响较大，故其重量很不稳定。

进出口贸易中
惯用的计算
皮重方法

4. 理论重量

理论重量是根据每件商品的重量推算出整批商品的总重量，这种计算方法是建立在每件商品重量相同的基础上，主要适用于那些按固定规格生产，有固定尺寸的商品，如马口铁、钢板等。但因各种原因，商品的实际重量也会发生变化，因此，只能作为计重时的参考。

公量的计算

5. 法定重量

法定重量指商品重量加上直接接触商品的包装物的重量，如销售包装等的重量。在法定重量中，按一些国家海关的规定，在征收从量税时，商品的重量是以法定重量计算的。

任务二　确定合同数量条款

一、合同数量条款的内容

在进出口货物买卖合同中，完整的数量条款至少包括成交商品的数量和计量单位两个内容。对于不容易准确把握实际交货数量的商品，一般还要订立数量机动幅度条款。对于以重量计量的商品，还要订明计算重量的方法。

范例：Quantity：100Dozen.

数量：100 打。

范例：Quantity：1000 M/T, 3% more or less at seller's option if it is necessary for the purpose to meet the shipping space and each difference shall be settled of contracted price.

数量：100 公吨，允许由卖方选择 3%的增减幅度，以满足货物装载空间的要求，增减部分按照合同价格计算。

二、数量机动幅度

在粮食、矿砂、化肥和食糖等大宗商品的交易中，由于商品特性、货源变化、船舱容量、装载技术和包装等因素的影响，要求准确地按约定数量交货有时存在一定困难。为了使交货数量具有一定范围内的灵活性和便于履行合同，买卖双方可在合同中合理规定数量机动幅度。只要卖方交货数量在约定的增减幅度范围内，就视为按合同规定的数量交货，买方就不得以交货数量不符为由拒收货物或提出索赔。

(一) 溢短装条款(More or Less Clause)

溢短装条款即在进出口合同的数量条款中明确规定，卖方可以在合同规定的货物数量上增加或减少交付的百分比，即规定允许多装或少装若干，但以不超过成交数量的百分之几为限。完整的溢短装条款包含三个内容：溢短装的幅度、溢短装的选择权、溢短装部分的作价方法。

溢短装条款

(二) 约量条款

约量条款是指在合同中对数量的规定为约数，即在某一个具体数字前加上一个"约"(about)、"近似"(approximate)等字眼，以使装货数量可以有所机动。根据《跟单信用证统一惯例》(UCP600)的规定，"约"或"大约"用于信用证内货物的金额、数量和单价时，货物的金额、数量和单价均允许有不超过 10%的增减幅度。但"约"字笼统含糊，各国对此解释不一，有的为 2%，有的为 5%，也有的解释为 10%。为了明确责任，便于履约，避免纠纷，在非信用证结算时，买卖双方不宜用"约"表示货物的机动幅度，而应在合同中明确允许增减的百分比，除非双方对"约"的理解已经达成共识。

(三) 合理规定数量机动幅度条款

1. 数量机动幅度的大小要适当

数量机动幅度的大小通常都以百分比表示，如 3%或 5%。究竟百分比多大合适，应根据商品特性、行业或贸易习惯和运输方式等因素而定。在合同里订立数量机动幅度是为了便于卖方交货，解决实际交货数量与合同约定数量不相符的问题。这个幅度一般不宜过大，以不超过 10%为宜。如果该幅度订立过大，容易被有选择权的一方根据交易货物的市场价格的变动情况而大幅增加或减少交货或装货数量。

课堂讨论：

某出口合同规定：Red bean, 200 M/T, 5% more or less at seller's option, such excess or deficiency to be settled of contracted price.

交货前红豆价格上涨，卖方应多装还是少装？如果价格下跌呢？

2. 机动幅度选择权的规定要合理

在合同规定有数量机动幅度的条件下，由谁行使这种数量机动幅度的选择权呢？一般来说，是履行交货的一方，也就是由卖方选择。但是涉及海运，机动幅度应由负责安排船舶运输的一方(carrier)来选择，或由船长根据舱容量和装载情况来选择。总之，数量机动幅度的选择权可以根据不同情况，由买方(buyer)行使，也可由卖方(seller)行使，或由船方行使。因此，为了明确起见，最好是在合同中作出明确合理的规定。

3. 溢短装数量的计价方法要公平合理

通常机动幅度范围内多装或少装的部分一般都按合同价格(contract price)计算。但数量上的溢短装在一定条件下，直接关系到交易双方的利益，往往为交易双方所利用。如果合同价格采用固定价格，交货时若市价下跌，多装对卖方有利；若市价上涨，多装则对买方有利。因此，为防止有权选择机动幅度的一方利用行市变化有意多装或少装来获取额外好处，则可在合同中规定：多装或少装的部分按装船时或货到时的市价计算，以体现公平合理的原则。

❖ **案例启迪 5-1**

我国某进出口公司出口一批兔肉到日本。按照合同规定，该批货物共计 25 公吨，装 1500 箱，每箱净重 16.6 公斤。如我方按规定装货，则总重量应为 24.9 公吨，余下 100 公斤客户同意可以不再补交。当货物运抵日本港口后，日本海关人员在抽查该批货物时，惊讶地发现每箱净重不是 16.6 公斤而是 20 公斤，即每箱多装了 3.4 公斤。因此该批货物实际装了 30 公吨。但在装运前办理的所有单据上都注明了 24.9 公吨。议付货款时也按 24.9 公吨计算，相当于白送了 5.1 公吨兔肉给客户。此外，由于货物单据上的净重 24.9 公吨与实际重量不符，日本海关起初还认为我方少报重量有帮助客户逃避缴纳进口关税的嫌疑，向我方提出意见，准备要对我国该进出口公司进行严厉处罚。经我方尽全力解释，才说服对方，未予深究。但多装 5.1 公吨兔肉，不再退还，也不补付货款，这使我方公司遭遇了很大的损失。试对本案例作出评析。

❖ **案例启迪 5-2**

　　法国某公司拟向我国某钢铁企业订购一批钢板，总量共 400 公吨，其中包含四种尺寸规格，分别为 6 英尺(1 英尺 = 0.3048 m)、8 英尺、10 英尺、12 英尺四种规格各 100 公吨，并在合同中附有每种数量可增减 5%的溢短装，具体可由卖方自行决定。我国钢铁公司如期交货，并且总重量没有超过 420 公吨的溢短装上限的规定。但具体到各种尺寸的钢板时交货数量有一定的偏差，具体为：6 英尺规格的交货 70 公吨，8 英尺规格的交货 80 公吨，10 英尺规格的交货 60 公吨，12 英尺规格的交货 210 公吨。虽然总数量与合同相符，但是进口商拒收出口商按实际装运数量出具的跟单汇票，并且拒绝付款，给我方钢铁企业造成很大的损失。你认为该进口商是否有理由拒收拒付？本案例带给我们哪些启示？

教学做一体化训练

项目 6　商定进出口合同的包装条款

1. 知识目标

(1) 了解包装的重要性；

(2) 掌握运输包装的分类及中性包装和定牌的内容；

(3) 掌握包装条款的内容。

2. 技能目标

掌握商品运输包装的各种具体标志。

浙江长征纺织品进出口公司已经和客户 Canadian Sunny Garment Import Company 建立了业务关系，业务员王新已经和加拿大公司的负责人 Jack 就女士真丝衬衫品名和品质、数量条款进行了业务磋商，现在就出口的女士真丝衬衫的包装展开细致讨论，并准备拟定出口合同中的包装条款。

在进出口贸易中，交易商品一般都需要经过长距离辗转运输，因此，对进出口商品的包装要求较高。包装条款是进出口合同的主要交易条件之一。《公约》中规定，卖方交付的货物需按合同所规定的方式装箱或包装，如果合同中没有相关规定，则货物按照同类货物通用的方式装箱或包装，如果没有此种通用方式，则按照足以保全和保护货物的方式装箱或包装，否则，即为货物与合同不符，卖方要根据实际情况承担相应的违约责任。

本次商定任务中，进出口双方需要考虑的问题是：如何为交易商品设计合理的包装？完整的包装条款应包含什么内容？为什么要设计运输标志？

贸易故事

出口包装的种

任务一　认识包装

一、运输包装

(一) 运输包装的种类

运输包装又称外包装、大包装，是用于包装一定数量的销售包装商品或散装商品的大

型包装，其主要作用是保护商品，防止发生货损、货差，便于储存、运输、检验、计数和分拨，利于节约运输成本。通常又分为单件运输包装和集合运输包装。

1. 单件运输包装

单件运输包装是指货物在运输过程中作为一个计件单位的包装，可以依据包装容器的形状分为包(Bale)、箱(Case)、桶(Drum)、袋(Bag)、筐(Basket)、卷(Roll，Bundle)等；也可以依据包装材料分为铁桶(Iron Drum)、木箱(Wooden Case)、纸箱(Carton)、麻袋(Gunny Bag)等。

瓦楞纸箱的分类

2. 集合运输包装

集合运输包装是指将一定数量的单件运输包装，组合成一件大包装或装入一个大的包装容器内的包装方式，以适应港口机械化作业的要求，能更有效地保护商品，提高装卸效率，节省运输费用。集合运输包装可包括集装箱、集装袋和托盘。

集装箱介绍

目前国际上通用的集装箱规格是 20 英尺和 40 英尺两种。一般计算集装箱的数量时，都以 20 英尺集装箱作为计算衡量单位，通常用"TEU"(Twenty-foot Equivalent Unit)表示。一个 40 英尺集装箱相当于 2 个"TEU"。具体参数如表 6-1 所示。

表 6-1　集装箱参数

箱型	20 英尺集装箱	40 英尺集装箱
外部尺寸/米	长 6.058×宽 2.438×高 2.438	长 12.192×宽 2.438×高 2.438
内部尺寸/米	长 5.93×宽 2.35×高 2.38	长 12.03×宽 2.25×高 2.38
最大容积/立方米	33.3	66.55
最大载重/公吨	19	27
一般最多装载	25 立方米，17 公吨	55 立方米，25 公吨

课堂小思考：
根据表 6-1 集装箱的尺寸，重货和轻泡货分别采用哪种规格的集装箱比较划算？

(二) 运输包装的标志

为了装卸、运输、仓储、检验和交接工作的顺利进行，防止发生错发错运和损坏货物与伤害人身的事故，以保证货物安全迅速、准确地运交收货人，就需要在运输包装上书写、压印、刷制各种有关的标志，用于识别和提醒人们操作时注意。运输包装上的标志，按其用途可分为运输标志、指示性标志和警告性标志。

1. 运输标志(Shipping Mark)

运输标志俗称"唛头"，通常是由一个简单的几何图形和一些字母、数字及简单的文字组成，是区别一批货物和其他同类货物的依据。其主要内容包括目的地的名称或代号、收发货人的代号、件号批号等，有的运输标志还包括原产地、合同号、许可证号、体积和重量等内容。

唛头设计

联合国欧洲经济委员会简化出口贸易程序工作组在国际标准化组织和国际货物装卸协调会的支持下，制定了标准化的运输标志，并向各国推荐使用。

范例：标准化的运输标志

ABCCO	收货人的英文缩写字母或简称
SC9750	参考号：如合同号、订单号等
LONDON	目的地名称
C/NO.6-30	箱号和总件数

课堂讨论：

　　某服装公司出口一批儿童 T 恤至加拿大温哥华的 STAR 公司，双方签订的合同编号为 S/C-678。约定包装为：一件装一个塑料袋，8 件装一个纸箱，纸箱的尺寸为 80 cm×40 cm×50 cm，用一个 40 英尺的集装箱装，假定 40 英尺集装箱的有效容积为 58 立方米。请为公司的出口包装设计一个唛头。

2. 指示性标志(Indicative Mark)

指示性标志又称安全标志(操作标志)，是根据商品的性能和特性(如怕热，怕湿，怕雾，怕倾斜，易破碎、残损、变质等)，以简单醒目的图形和文字在运输标志上提示人们在保管、装卸、运输过程中需要注意的事项和要求。

指示性标志

3. 警告性标志(Warning Mark)

警告性标志又称危险货物包装标志或危险品标志，是为了保障货物和人员的安全，在装有易燃、易爆、有毒、易腐蚀等危险货物和氧化剂及放射性物质等危险货物的运输包装上用图形和文字表示和说明各种危险品的标志，以示警告。

警告性标志

我国对于危险标志已颁布了《包装储运指示标志》和《危险货物包装标志》，联合国海事协商组织也规定了一套《国际海运危险品标志》。在我国出口危险货物的运输包装上，要刷上我国和国际海运所规定的两套危险品标志。

4. 侧唛(Side Mark)

侧唛是刷制在包装的侧面，关于包装物内所装货物情况的说明，目的是通知买方装箱的内容，同时也便于海关查验，一般包括货物的货号、颜色、毛重、净重、实际体积和生产国别等。

范例：ART. NO.(货号)：2020A-08

COLOUR(颜色)：BLUE/BROWN

SIZE(尺码)：

36	37	38	39	40	41
1	1	2	3	3	3

N.W.(净重)：15.7 kg

G.W.(毛重)：16.8 kg

MEAS.(体积)：36.5 cm × 43.2 cm × 59.1 cm

MADE IN CHINA(生产国别)

二、销售包装

(一) 销售包装的种类

销售包装又称内包装、小包装，是直接接触商品和消费者直接见面的包装。它除了保护商品外，更应具有促销的功能。因此，在进出口贸易中，对销售包装的用料、造型结构、装潢画面和文字说明都有较高的要求。

销售包装的种类

(二) 做好商品的销售包装装潢工作

1. 销售包装的装潢画面

在销售包装上的装潢画面要求美观大方，有艺术吸引力，突出商品特色，适应进口国家的民族习惯和爱好。

部分国家对装潢
图案的禁忌

❖ 案例启迪 6-1

在荷兰某一超级市场上有黄色竹制灌装的茶叶一批，罐的一面刻有中文"中国茶叶"四字，另一面刻有我国古装仕女图，看上去精致美观，颇具民族特点，但国外消费者却少有问津。问：原因何在？

2. 销售包装的文字说明

在销售包装上应有必要的文字说明，如商标、品牌、品名、产地、数量、规格、成分、用途和使用方法等。使用的文字必须简明扼要，还应注意有关国家的标签管理条例的规定。例如，日本政府规定，凡销往该国的药品，除必须说明成分和服用方法外，还要说明其功能，否则就不准进口。又如，美国食品药物管理局要求大部分食品必须标明至少 14 种营养成分的含量。此外，有些国家甚至对文字说明所使用的语种也有具体规定，如加拿大政府规定，销往该国的商品必须同时使用英、法两种文字加以说明。

3. 条形码

销售包装上的商品条码是由一组带有数字的黑白色粗细间隔不等的垂直平行条纹所组成的标志，用以表达一定的商品信息。

国际上通用的销售包装上的条形码有两种：一种是由美国、加拿大组织的统一编码委员会编制的 UPC 码(Universal Product Code)；另一种是由国际物品编码协会编制的 EAN 码(European Article Number)。为了适应国际市场的需要和扩大出口，1988 年 12 月我国建立了"中国物品编码中心"，负责推广条形码技术，并对其进行统一管理。1991 年 4 月我国正式加入国际物品编码协会，该协会分配给我国的国别号为 690—695(不包括港、澳、台地区)，凡标有"690""691""692""693""694""695"开头的条形码的商品，即表示是中国生产的商品。

进口商品的
真伪鉴别

三、中性包装

中性包装(Neutral Packing)是指出口商品和内外包装上都不标明生产国别、地名和厂商的名称，也不标明商标或牌号。目的是打破进口国家和地区实行的各种关税和非关税限制和政治歧视，以适应国外市场的特殊要求。进出口贸易活动中，常用的中性包装有两种：无牌中性包装和定牌中性包装。

1. 无牌中性包装

无牌中性包装是指买方要求在卖方出口商品和/或包装上免除任何商标或牌号的做法。它主要用于一些尚待进一步加工的半制成品，如供印染用的棉坯布，或供加工成批服装用的呢绒、布匹和绸缎等。其目的主要是避免浪费，降低费用成本。

2. 定牌中性包装

定牌中性包装，是为了利用买方(包括生产厂商、大百货公司、超级市场和专业商店)的经营能力和它们的企业商誉或品牌商誉，在包装上仅有买方指定的商标或牌号，以提高商品售价和销售数量。

但应警惕的是，有的外商利用向我定购定牌商品来挤占我方商标货物的销售，从而影响我国产品在国际市场上树立品牌。另外，还要注意买方商标或冒牌的合法性，防止侵犯他人"工业产权"。"定牌"只是权宜之计，发展我们自己的民族品牌才是长远之计。

❖ 案例启迪 6-2

菲律宾客户在深圳某自行车厂洽谈进口"凤凰牌"自行车 5000 辆，但要求我方改用"剑牌"商标，并在包装上不得注明"Made in China"字样。买方为何提出这种要求？

任务二　确定合同包装条款

一、包装条款的基本内容

完整的包装条款一般包括包装材料、包装方式、包装规格、包装标志和包装费用的负担等内容。

范例：Packing：5 sets packed in one export carton，68 cartons transported in one 20ft container. Each carton should be stenciled with shipping mark as follow:

SLT

TH-6679

OSAKA

C/NO.1-UP

包装：5 套装一出口纸箱，60 箱装一个 20 英尺集成箱，每个纸箱上刷唛如下：

SLT

TH-6679

OSAKA

C/NO.1-UP

二、包装条款风险预防

确定包装条款时应注意以下方面：

(1) 对包装的规定要明确具体。约定包装时，应明确具体，不宜笼统规定，如使用"海运包装"和"习惯包装"之类的术语，因其含义模糊，无统一解释，容易引起争议。

(2) 要考虑商品特点和不同运输方式的要求。不同的商品有不同的特性，如水泥怕潮湿、玻璃制品怕破碎、液体货物怕渗漏等，运输包装要具有防潮、防震、防漏的性能。不同运输方式对运输包装的要求也不同，如海运包装要求牢固，并具有防挤、防碰撞的功能；铁路运输包装要求具有防震功能；航空运输包装要求轻便小巧。

(3) 明确包装费用由何方承担。关于包装费用，一般包括在货价之内，不另计收。但也有不计在货价之内，而规定由买方另外支付的。究竟由何方负担，应在包装条款中订明。

❖ 案例启迪 6-3

我国某公司出口某种化工原料，共 500 公吨。合同规定以"单层新麻袋，每袋 50 公斤"包装。但我方装船发货时发现新麻袋装的货物只够 450 公吨，剩余 50 公吨货物用一种更结实，价格也较新麻袋贵的涂塑麻袋包装，结果被对方索赔。问：为什么？

❖ 案例启迪 6-4

合同规定糖水橘子子罐头，每箱 24 听，每听含五瓣橘子，每听罐头上用英文标明"MADE IN CHINA"。卖方为了讨一个吉利，每听装了六瓣橘子，装箱时，为了用足箱容，每箱装了 26 听，在刷制产地标志时，只在纸箱上标明"MADE IN CHINA"，买方以包装不符合同规定及未按合同规定标明产地为由要求赔偿，否则拒收整批货物。问：买方要求是否合理？为什么？

教学做一体化训练

项目 7　商定进出口合同的运输条款

【学习目标】

1. 知识目标

(1) 了解进出口货物运输中常见的运输方式；

(2) 掌握合同中装运条款的有关内容；

(3) 掌握运输单据的性质、作用和种类。

2. 技能目标

(1) 能根据不同贸易背景选择适当的运输方式；

(2) 掌握正确计算运费的方法；

(3) 能根据贸易背景订立正确完整的装运条款。

【任务引入】

浙江长征纺织品进出口公司已经和客户 Canadian Sunny Garment Import Company 建立了业务关系，已经确定对加拿大出口女士真丝衬衫 5000 件，每件 20.8 美元 CIF 多伦多。考虑到不同运输方式的优缺点，现在王新需要和对方商谈货物的运输方式及货物运输的相关事项，以保证货物能够安全、顺利地到达目的地。

任务：请为该批货物选择合适的运输方式。

【任务分析】

国际货物运输是实现进出口贸易的重要手段，在国际货物买卖中占有重要地位。进出口贸易中的主要运输方式有陆路运输、水路运输、航空运输、管道运输、邮政运输以及顺应时代发展而产生的集装箱运输和国际多式联运等。了解各种运输方式的特点和经营方式，根据商品特点、运量大小、运送地区、运费高低、需要缓急、风险程度、气候与自然条件、在途时间长短以及国际政治形势变化等因素，从经济学和实务的角度选择适当的运输方式，在进出口贸易业务中具有重要意义。

贸易故事

本次商定任务中，进出口双方需要考虑的问题是：如何根据成交货物特性和运输距离等因素选择合适的货物运输方式？不同的运输方式分别有什么优缺点？

任务一　认识运输方式

一、海洋运输

海洋运输(Ocean Transportation)是进出口贸易中最常用的一种运输方法，它是利用船舶在一定的海域内沿固定的航线往返于国内外港口之间的货物运输。

大宗商品运输

(一) 海洋运输的特点

目前，进出口货物运输总运量中 80%以上的货物运输是利用海洋运输完成的，与其他运输方式相比，海洋运输具有其自身的特点。

(1) 通过能力大。海洋运输不受道路、轨道的限制，通过能力较其他运输方式大。海运航道四通八达，可以将世界各地的港口连接在一起。而且随着对外贸易、经济政治环境以及自然条件的变化，可随时调整和改变航道，选择最佳路径。

(2) 载运量大。随着国际海运业的发展，现代化的造船技术日益精湛，船舶及其载重量越来越朝着大型化发展，万吨乃至数十万吨的巨型货轮可以在天然的航道上消耗较少的油料托载货物航行。如目前世界石油运输所用的油轮中，甚至出现了 60~70 万吨的巨型油轮。这是其他运输方式难以达到的。

(3) 运费低廉。海上运输航道均为天然形成，港口设施一般为政府所建，经营海运业务的公司不仅可以节省大量用于这些基础设施的投资，而且船舶运载量大、使用时间长、运输里程远的特点，也使其与其他运输方式相比，占据运输成本低的优势。

(4) 易受自然条件影响，速度慢，风险大。由于货轮体积大，遇到水流、风的阻力大时，航速将受很大的影响。所以，一般商船航速较低，多为每小时航行 10 至 20 海里，只有极少数商船时速略超 20 海里。如遇恶劣气候和其他自然条件影响时，航行日期难以确定，还有可能使船货遭受其他风险损失。

(二) 海洋运输的经营方式

按照海洋运输的经营方式不同，可分为班轮运输(Liner Transport, Liner Shipping，简称 Liner)和租船运输(Chartering Transport)两种方式。

国际上主要
班轮公司

> **课堂讨论：**
> 班轮运输和租船运输有哪些区别？

1. 班轮(Liner)运输

所谓班轮(Liner)是指按照规定的船期表，在一定的航线上，以既定的港口顺序，经常性地从事航线上各港口间运输的船舶。一般情况下，不论货物的数量多少，班轮公司都可以在规定的停靠港口接受装运，所以，班轮运输比较适合于装运小批量的货物。为便于货主根据船期安排货物，及时办理订舱手续，班轮公司通常都将船期表(Sailing Schedule)在报刊上公布，或印发给货主。

(1) 班轮运输的主要特点如下。

① 船舶按照固定的船期表、沿着固定的航线和港口来往运输，并按相对固定的运费率收取运费，因此，它具有"四固定"的基本特点。

② 班轮承运货物比较灵活，不论数量多少，只要有舱位，都接受装运，且一般在码头仓库交接货物。因此，少量货物或杂货，多采用班轮运输。

③ 承运人负责配载装卸并负担装卸费用，即所有装卸费、理舱费均已计入班轮费率表中所规定的数额内，承运人和托运人之间不计速遣费和滞期费。

④ 承运人和货主之间无须签订租船合同，以承运人签发的班轮提单作为承托双方权利、义务和责任豁免的依据。

班轮运输

(2) 班轮运费(Freight)的计算。

班轮运费是指班轮承运人根据运输契约完成货物运输，而从托运人那里取得的报酬；或者是托运人为运送其货物而付给承运人的费用。从承运人的角度讲，班轮运费实际上就是班轮运价(Freight Rate)，即承运人为了完成货物运输所提供的运输劳务的价格。

班轮运费的构成包括两个部分的内容：基本运费和附加费。班轮运费通常是按照班轮运价表(Liner's Freight Tariff)的规定计收的。班轮运价表是承运人和托运人双方计算运费的依据。运价表的内容不仅包括在不同航线上运输不同货种的单位费率，而且也包括计算运费的标准和规定，如运价的适用范围、货物的分类和分级、计费标准、计费的币种，以及各种附加费的计算办法和费单等。

基本运费按班轮运价表规定的计收标准计收，是构成全程运费的主要部分。在班轮运价表中，根据不同的商品，对基本运费的计收标准，通常采用下列几种：

① 按货物的毛重计收，一般称为重量吨，在运价表内用字母"W"表示，一般多为重货。

② 按货物的体积计收，称为尺码吨，在运价表内用字母"M"表示，一般多为轻泡货。

③ 按货物的毛重或体积计收，也就是由班轮公司选择其中收费较高的一种计收运费，在运价表中用"W/M"表示。

④ 按商品的价格计收运费，又称从价计收运费，即按商品的 FOB 价格计收运费，在运价表内用"A.V."或"Ad.Val."表示。

⑤ 选择货物的重量、体积或价值三者中较高的一种计收运费，在运价表中用"W/M or A.V."表示，主要适用于贵重物品，如金银制品、精致工艺品、珠宝钻石等。

⑥ 按货物的件数计收运费，通常用"Per unit"表示。

⑦ 议价运费(Open Rate)，是对大宗低值货物，采用船、货双方临时议定运价的办法达成的运费，通常适用于承运粮食、豆类、矿石、煤炭等运量较大、货值较低、装卸容易、装卸速度快的农副产品和矿产品。

附加费的计算办法有的是在基本运费的基础上，加收一定百分比；有的是按每运费吨加收一个绝对数计算。

班轮运费中的常见附加费

由于附加费的种类很多，在具体业务中要多加注意，以免对外报价和

核算成本时漏计而造成损失。

在实际业务中，基本运费的计算标准以按货物的毛重("W")、按货物的体积("M")或按重量、体积选择("W/M")的方式较多。贵重物品较多的是按货物的 FOB 总值("A.V.")计收。

计算运费的重量吨和尺码吨统称为运费吨(Freight Ton)，又称计费吨。

班轮运费的计算公式为：

$$运费 = 运费吨 \times (基本运费 + 附加运费)$$
$$= 运费吨 \times 基本运费 \times (1 + 附加费率)$$

范例：我方采用班轮运输出口商品 100 箱；每箱体积 30 cm × 60 cm × 50 cm，毛重 40 kg，查运费表知该货为 9 级，计费标准为 W/M，基本运费为每运费吨 109 美元，另加收燃油附加费 20%，货币贬值附加费 10%。请计算该批货物的总运费。

解　(1) 运费吨：

按"W"计算为 0.04 公吨；按"M"计算为 0.3 × 0.6 × 0.5 = 0.09 立方米。

(2) 总运费：

$$运费 = 运费吨 \times 基本运费 \times (1 + 附加费率)$$
$$= 0.09 \times 109 \times (1 + 20\% + 10\%) \times 100$$
$$= 1275.3 美元$$

课堂讨论：

业务员小李在监管货物包装时，看到一个包装箱内装了一件贵重商品后还有许多空间，于是自作主张，又将一些该商品的辅件、配件和消耗物料装了进去，直接装满包装箱，这样，重量比原来重了许多。想一想，在办理运输时，会怎么样？

2. 租船(Charter)运输

租船运输指租船人向船东租赁船舶用于运输货物的业务。大宗货物一般都采用租船运输，如粮谷、饲料、矿砂、硫黄、煤炭、石油、化肥、木材、水泥等。

(1) 租船运输的特点：

① 没有预定的船期表，行驶航线和停靠港口也不固定；

② 航线、货种、船期和船方收取的运费或租金需在合同中加以约束；

③ 租船合同只具有运输合同的作用，而提单可以作为承运人收到托运货物的收据和货物所有权凭证。

(2) 租船运输的方式：

租船方式主要包括定程租船(Voyage Charter)、定期租船(Time Charter)和光船租船(Bareboat Charter)。由船方和租方签订租船合同，以明确双方的权利和义务。

① 定程租船。定程租船又称程租船或航次租船，是指船舶按航程租赁。根据和出租人事先约定的条件，船舶按时到装运港装货后，再驶抵卸货港卸货，以完成整个航程运输任务。它又分为：单航次租船(Single Trip Charter)、来回程航次租船(Return Trip Charter)和连续航次租船(Consecutive Voyages)等。

② 定期租船。定期租船又称期租船，是指船舶所有人按照租船合同约定，将特定的船舶在约定的期限内，交给承租人使用的一种租船方式。

③ 光船租船。光船租船又称"净船期租船"，是船舶所有人将船舶出租给承租人使用一个时期，但船舶所有人提供的是空船，承租人要自己任命船长，配备船员，负责船舶的给养和船舶营运管理所需的一切费用。这种租船方式在当前进出口贸易中很少使用。

(3) 定程租船的运费：

定程租船合同一般都明确规定装卸费用的承担方法，常见的有四种：

① 船方负责装费和卸费(Liner Terms, Gross Term 或 Berth Terms)。这种方法用于装卸包装货或木材，而不适用于散装货。

② 船方管装不管卸(Free Out，简称 FO)。

③ 船方管卸不管装(Free In，简称 FI)。

④ 船方不管装和卸(Free In and Out，简称 FIO)。此种方法应用较多。采用这一方法，还要明确理舱费和平舱费由谁负担，如规定由租船方负担，则应有"船方不管装和卸、理舱和平舱"(Free In and Out, Stowed，Trimmed，FIOST)条款。

外贸租船运费　海运出口货物租船订舱的流程

二、集装箱运输

(一) 集装箱的定义、特点和种类

集装箱又称"货柜"或"货箱"，是一种容器，能够作为运输辅助设备反复使用。在国际货物运输中经常使用的是 20 英尺和 40 英尺集装箱，其型号和具体规格为：1A 型 8 英尺×8 英尺×40 英尺，外径 2438 mm×2438 mm×12 191 mm，内径 2350 mm×2380 mm×12 030 mm，1C 型 8 英尺×8 英尺×20 英尺，外径 2438 mm×2438 mm×6058 mm，内径 2350 mm×2380 mm×5930 mm。

集装箱运输

国际标准化组织根据集装箱在装卸、堆放和运输过程中的安全需要，规定了作为一种运输工具的货物集装箱的基本条件，即：

(1) 能长期反复使用，具有足够的强度；

(2) 途中转运不用移动箱内货物，可直接换装；

(3) 可以进行快速装卸，并可以从一种运输工具直接方便地换装到另一种运输工具；

(4) 便于货物装满和卸空；

(5) 具有一立方米(即 3532 立方英尺)或以上的内容积。

集装箱运输(Container Transportation)是以集装箱为运输单位进行货物运输的一种现代化运输方式，适合于海洋运输、铁路运输、公路运输、内河运输和国际多式联运等。

(二) 集装箱运输的装箱方式

集装箱运输有整箱货(Full Container Load，FCL)和拼箱货(Less than Container Load，

LCL)之分。

(1) 整箱货是指由货方在工厂或仓库进行装箱，然后直接交集装箱堆场(CY)等待装运，货到目的地(港)后，收货人可直接从目的地集装箱堆场提走。

(2) 拼箱货是指货量不足一整箱，须由承运人在集装箱货运站(CFS)负责将不同发货人的少量货物拼装在一个集装箱内，货到目的地(港)后，由承运人拆箱后分拨给各收货人。

(三) 集装箱运输交货方式

(1) 堆场到堆场：CY—CY，由起运地或装箱港的堆场至目的地或卸箱港的堆场，一般为整箱货的运输。

(2) 集装箱货运站到集装箱货运站：CFS—CFS，由起运地或装箱港的集装箱货运站至目的地或卸箱港的集装箱货运站，这种方式通常用于拼箱货的运输。

(3) 堆场到集装箱货运站：CY—CFS。

(4) 集装箱货运站到堆场：CFS—CY。

(5) 门对门(Door to Door)：由发货人货仓或工厂仓库至收货人的货仓或工厂仓库，这种方式通常适用于整箱货的运输。

集装箱运输的费用

三、铁路运输

铁路运输(Rail Transportation)是仅次于海运的一种主要的国际货物运输方式。利用铁路进行国际贸易货物的运输，尤其在内陆接壤的国家间的贸易中起着很重要的作用。

(一) 国际铁路货物联运

国际铁路货物联运是指两个或两个以上不同国家的铁路当局按照协议，利用各自的铁路，联合完成一票货物的全程运输的方式。移交货物上无需货主参加，铁路当局对全程运输负责。

根据货物重量、体积的不同，铁路联运可以分整车、零担、集装箱、托盘和货捆等装运方式。根据运送速度的不同，又可以分为快运、慢运和随客挂运三种。

我国办理国际铁路货物联运的承运人和总代理是"中国对外贸易运输总公司"(简称"中外运")。

(二) 对港澳铁路运输

1. 对香港的铁路运输

对香港的铁路运输不同于国际联运，也不同于一般的国内铁路运输，而是一种特殊的租车方式的两段运输。它的特点是"租车方式，两票运输"。出口单位在始发站装车托运至深圳北站，收货人是深圳外运公司；货到深圳后，由深圳外运作为各地出口单位的代理向铁路租车过轨、交付租车费并办理报关手续；过关后可由香港"中国旅行社有限公司"作为深圳外运在香港的代理，在罗湖车站向港九铁路办理香港段铁路运输的托运、报关，货到九龙车站后，由中国旅行社有限公司负责卸货并交收货人。

2. 对澳门的铁路运输

因为澳门没有铁路车站，去澳门的货物先到广州：整车和零担到广州南，危险品到广州吉山，集装箱和快件到广州，收货人均是广州外运；然后广州外运集中办理水路去澳门；货到澳门后，由澳门南光公司运输部负责接货并交付收货人。

四、航空运输

随着国际贸易的迅速发展以及国际货物运输技术的不断现代化，空运在国际货物运输中的地位日渐重要。航空运输(Air Transportation)具有速度快、货运质量高的优点，也有运量小、运费高的缺点，适合运送体积小、货值高和鲜活商品。我国办理航空货物托运的代理是"中外运"当地分公司。

> **课堂小思考：**
> 　　试举例三种以上适合航空运输的商品。

航空货物运输方式有以下四种：

(1) 班机运输(Scheduled Air Line)；

(2) 包机运输(Chartered Carrier)；

(3) 集中托运(Consolidation)；

(4) 急件快递(Air Express)。

航空公司介绍

航空运输公司只负责将货物从一个机场运送到另一个机场，而揽货、接货、报关、订舱以及地面提货、货交收货人等方面的工作，全部由航空货运代理办理。航空货运代理可以是货主的代理，也可以是航空公司的代理。比如："中外运"总公司既是中国民航的代理，也是各出口企业的货运代理。

五、国际多式联运

国际多式联运(International Multimodal Transport 或 International Combined Transport 或 International Intermodal Transport)是一种在集装箱运输的基础上产生和发展起来的综合性连贯运输方式，它以集装箱为媒介，把海陆空各种单一的传统运输方式有机地结合起来，组成一种国际间的连贯运输。构成国际多式联运应具备下列条件：

(1) 有一个多式联运合同，合同中明确规定多式联运经营人和托运人之间的权利、义务、责任和豁免。

(2) 使用一份包括全程的多式联运单据(Multimodal Transportation Document，MTD)，它是一份证明多式联运合同内容以及证明多式联运经营人接管货物，并将负责按照合同条款交付货物的全程运输单据。

国际多式联运

(3) 有至少两种不同方式的连贯运输，即国际多式联运必须包括两种以上运输方式。

(4) 国际间的货物运输，指的是多式联运合同所涉及的货物的接管和交付必须发生在两个不同的国家或地区境内。

(5) 有一个多式联运经营人对全程运输负责，他既不是发货人的代表，也不是承运人

的代表，但负有履行多式联运合同的责任。也就是说，国际多式联运经营人是指其本人或通过其代表与货主订立多式联运合同的任何人。

(6) 采用全程单一的运费费率，指在签订多式联运合同时，多式联运经营人根据货物种类、去向，向托运人报出一个全程费率。

六、其他运输方式

(一) 公路运输

公路运输(Road Transportation)是现代化运输手段之一，方便，速度快，但成本高，易造成货损事故。我国和许多周边国家都有公路相通，与这些国家的进出口货物可以通过国境公路运输。此外，我国内地与港、澳地区的部分进出口货物也是通过公路运输的。

(二) 内河运输

内河运输(Inland Water Transportation)是水上运输的组成部分，投资少，运量大，成本低。我国拥有四通八达的内河航运网，如长江、珠江等主要河流中的一些港口已对外开放，与一些邻国还有国际河流相通，这就为我国进出口货物通过河流运输和集散提供了十分便利的条件。

(三) 邮政运输

邮政运输(Parcel Post Transportation)的手续简便，费用不高，有些工艺品或者仪器零部件体积小，价值高，可选择用邮政运输。但若需要退税核销的样品或货物，则必须要在寄邮包时事先声明。

(四) 管道运输

管道运输(Pipeline Transportation)是一种特殊的运输方式，用于运输天然气、石油等。它投资大，但建成后运输成本低。我国管道运输起步较晚，但随着石油工业的发展，为石油运输服务的石油管道运输也迅速发展起来。我国向朝鲜出口的石油主要是通过管道运输。

课堂讨论：
根据以下提供的背景，为货物选择适当的运输方式。

货物名称	货物数量	起运地	目的地	运输方式
郁金香鲜花	500 支	阿姆斯特丹	北京	
铁矿石	3 万公吨	乌鲁木齐	神户	
奇瑞汽车	200 辆	安徽芜湖	芝加哥	
新鲜鸡蛋	1000 公斤	广州	香港	
包装机	100 套	台北	上海	
纯棉衬衫	5000 件	沈阳	莫斯科	

任务二　确定合同装运条款

一、装运时间

装运时间(Time of Shipment)是指卖方按买卖合同规定将合同货物装上运输工具或交给承运人的期限，又称"交货期"(或"装运期")。

在进出口贸易中，交货时间(Time of Delivery)和装运时间是两种不同的概念。在使用EXW、FOB、CIF、FCA、CIP、CPT 和 FAS 等贸易术语签订的买卖合同中，卖方在出口方所在地或装运港或装运地，将货物交给买方，或装上船只或交付给承运人监管，就算已完成交货义务。因此，按照上述贸易术语订立的合同，交货和装运的概念是一致的，可以把二者当作同义语。但若采用 DPU、DAP、DDP 等贸易术语达成交易时，交货时间则是指货物运到目的港交给买方的时间。装运时间是指卖方在装运港将货物装上船或其他运输工具的时间。二者不能相互代替使用，以免引起不必要的纠纷。

> **课堂讨论：**
> 　　某出口合同中约定的装运期限是：2020 年 8 月 4 日，是否合适？为什么？

(一) 装运时间的规定方法

(1) 规定期限。

范例： Shipment at or before the end of March 2020.
　　　　2020 年 3 月底或以前装运。

(2) 规定某一段时间内装运。

范例： Shipment during Jan./Feb. 2020.
　　　　2020 年 1/2 月份装运。

(3) 规定收到信用证后一定时间内装运。

范例： Shipment within 45 days after receipt of L/C.
　　　　收到信用证后 45 天内装运。

范例： The Buyer must open the relative L/C to reach the Sellers Before Sep. 2020.
　　　　买方必须在 2020 年 9 月之前向卖方开立信用证。

(二) 规定装运时间应注意的问题

1. 要考虑货源和船源的实际情况

从货源和船源的实际情况出发来确定装运期，有利于按期装运和履行约定的交货义务。如对货源心中无数，盲目成交，就有可能出现到时交不了货而形成有船无货的情况。在按 CFR 和 CIF 条件出口和按 FOB 进口时，还应考虑船源的情况，如船源无把握就盲目成交，或者没有留出安排舱位的合理时间，就规定在成交的当月交货装运，都可能出现到时租不到船或订不到舱位而形成有货无船的情况。

2. 装运期的规定要明确

在买卖合同中应明确规定装运的具体期限，"立即装运"或"尽快装运"等词语应尽量不用。

3. 装运期应当适度

装运期限的长短，应视不同的商品和租船订舱的实际情况而定。装运期过短，势必给船货安排带来困难；装运期过长也不合适，特别是采用在收到信用证后若干天内装运的条件下，装运期太长会造成买方积压资金，影响资金周转，从而反过来影响卖方的售价。

4. 开证日期的规定要合理

规定装运期的同时，应考虑开证日期的规定是否明确合理。装运期与开证日期是互相关联的，为保证按期装运，装运期和开证日期应相互衔接起来。

二、装运港(地)和目的港(地)

装运港(Port of Shipment)又称装货港(Port of Loading)，是指货物起始装运的港口。目的港(Port of Destination)又称卸货港(Port of Discharge)，是指最终卸货的港口。在进出口业务中，装运港(地)一般由卖方提出，经买方同意后确定；目的港(地)一般由买方提出，经卖方同意后确认。

范例：Port of Shipment：Ningbo, Port of Destination：New York.
　　　装运港：宁波港，目的港：纽约港。

(一) 出口业务

(1) 对国外装运港或目的港的规定，应力求具体明确。在磋商交易时，如国外商人笼统地提出以"欧洲主要港口"或"非欧洲主要港口"为装运港或目的港时，不宜轻易接受。因为欧洲或非欧洲港口众多，究竟哪些港口为主要港口，并无统一解释，而且各港口距离远近不一，港口条件也有区别，运费和附加费相差很大，所以，我们应避免采用此种规定办法。

(2) 不能接受内陆城市为装运港或目的港的条件。如果接受这一条件，我方要承担从港口到内陆城市这段路程的运费和风险。

(3) 必须注意装卸港的具体条件。主要是：有无直达班轮航线、港口条件、装卸条件、运费水平和附加费水平等。如果租船运输时，还应进一步考虑码头泊位的深度、有无冰封期以及冰封的具体时间、对船舶国籍有无限制等港口制度。

(4) 应注意国外港口有无重名问题。世界各国港口重名的很多。例如：维多利亚港

(Victoria)世界上有 12 个，波特兰(Portland)、波士顿(Boston)等也有数个。为防止发生差错，引起纠纷，在买卖合同中应明确加注装运港或目的港所在国家和地区的名称。

(二) 进口业务

对国内装运港的规定，一般以接近货源地的对外贸易港口为宜，同时应考虑港口和国内运输的条件和费用水平。对国内目的港的规定，原则上应选择接近用货单位或消费地区的对外贸易港口为最合理。但根据我国目前港口的条件，为避免港口到船时间过于集中而造成拥挤现象，在进口合同中，目的港有时也可酌情规定为"中国口岸"(Chinese Ports)。

三、分批装运和转运

(一) 分批装运

分批装运(Partial Shipment)又称分期装运(Shipment by Installments)，是指一个合同项下的货物分若干期或若干批装运。规定分批装运的方法主要有两种：只是原则规定允许分批装运,对分批的具体时间、批次和数量均不作规定；具体订明每批的装运时间、批次或数量。

范例：Partial Shipment allowed during Nov./Dec.in two equal monthly shipments.

　　11 月和 12 月分 2 个月平均装运。

《跟单信用证统一惯例》(《UCP600》)中关于分批装运有如下规定：

(1) 第三十一条 a 款：除非信用证另有规定，允许分批装运(Partial shipment to be allowed)。

(2) 第三十一条 b 款：运输单据表面上注明货物是使用同一运输工具装运并经同一路线运输的，即使每套运输单据注明的装运日期不同及/或装运港、接受监督地不同，只要运输单据注明的目的地相同，也不视为分批装运。

(3) 第三十二条：信用证规定在指定日期内分期支款及/或装运，其中任何一期未按期支款及/或装运，除非信用证另有规定，则信用证对该期及以后各期均告失效。

❖ 案例启迪 7-1

我国出口 2000 公吨大米至新加坡，国外开来信用证规定：不允许分批装运。结果我们在规定的期限内分别在烟台、连云港各装 1000 公吨于同一航次的同一船上，提单也注明了不同的装运地和不同的装船日期。请问：这是否违约？银行能否议付？

❖ 案例启迪 7-2

我国某外贸公司与国外 B 公司达成一笔出口合同,信用证规定"数量9000公吨,7—12月分批装运，每月装 1500 公吨"。卖方在 7—9 月每月装 1500 公吨，银行已分批凭单付款。第四批货物原定 10 月 15 日装运出口，但由于台风登陆，延迟至 11 月 2 日才装船运出。当卖方 11 月 2 日凭装船提单向银行议付时，遭到银行拒付。后来卖方又以"不可抗力"为由要求银行付款，也遭到银行拒绝。问：在上述情况下，银行有无拒付的权利？为什么？

（二）转运

货物在中途转运，不仅延误时间和增加费用开支，而且还可能出现货损、货差，所以买方对其进口的货物一般不愿转运，便在商定合同时，提出订立"限制转运"的条款。不过，在把零星件杂货运往没有直达船的港口，或运往虽有直达船而船期不定或航次间隔时间太长的港口时，为了便利装运，则应当在买卖合同中订明"允许转运"(Transshipment to be allowed)的条款。

根据《UCP600》的规定，除非信用证有相反的规定，可准许转运。为了明确责任和便于安排装运，交易双方是否同意转运以及有关转运的办法和转运费的负担等问题，都应在买卖合同中具体订明。

四、装运通知

装运通知(Advice of Shipment)是装运条款中不可缺少的一项重要内容。不论按哪种贸易术语成交，交易双方都要承担互相通知的义务。规定装运通知的目的在于明确买卖双方的责任，促使买卖双方互相配合，共同搞好车、船、货的衔接，并便于办理货运保险。因此，订好装运通知条款有利于合同的履行。

应当特别强调的是，买卖双方按 CFR 条件成交时，装运通知具有特别重要的意义。所以，卖方应在货物装船后，立即向买方发出装运通知。

按照国际贸易的一般做法，在按 FOB 条件成交时，卖方应在约定的装运期开始以前，一般是 30 天或 45 天以前，向买方发出货物备妥通知，以便买方及时派船接货。买方接到卖方发出的备货通知后，应按约定的时间，将船名、船舶到港日期通知卖方，以便卖方及时安排货物出运和准备装船。在货物装船后，卖方应在约定时间内，将合同号和货物的品名、件数、重量、发票金额、船名及装船日期等项内容电告买方，以便买方办理保险并做好接卸货物的准备，及时办理进口报关手续。

跨境电商平台
物流选择

范例：The sellers shall dispatch the shipping advice, including the contract No., name of commodity, loaded quantity, invoice values, gross weight, name of vessel and shipment date to the buyers within 2 days after the loading of the goods by fax or E-mail.

卖方应在货物装船后 2 天内以传真或电子邮件的方式把注明合同号、商品名称、已装载数量、发票金额、毛重、运输工具名称及起运日期等内容的装船通知发送给买方。

五、滞期费和速遣费

在租船合同规定的装卸期限内，如果租船人未能完成装卸作业，则许可装卸时间截止后到实际装卸完毕时的时间，成为船舶滞期。为了补偿船方由此而造成船舶延期所产生的损失，由租船人向船方支付一定的罚金，此项罚金称为滞期费(Demurrage)。

　　计算滞期时间，如果租船合同无相反的规定，都遵照"一旦滞期，则始终滞期"的原则来处理。这就是说，在船舶滞期这段时间内，原来按合同规定可扣除的时间，如星期日、节假日等，也不再扣除，仍作滞期时间处理。

　　如果租船人在合同规定的时间内提前完成了装卸工作，给船方节约了船期，船方为了鼓励节省行为，对所节省的许可装卸时间，给租船人一定的金额作为报酬，此项报酬称为速遣费(Despatch Money)。在租船业务中，同期的速遣费一般为滞期费的一半。

　　计算速遣费时对节省的时间有两种计算办法：一种是从到约定的许可装卸时间截止日期为止的全部许可装卸时间中减去实际完成装卸作业的时间，即为节省的全部时间。另一种是从节省的全部时间中减去其中的星期日、节假日等非工作日，剩下的时间即为节省的工作时间。此外，有滞期费规定的合同，并不一定都有速遣费的规定。

　　范例：Loading/Discharge Rate：8000 MT/15000MT PWWDSHINC.

　　　　Demurrage：USD18000 per day or pro-rata for all time lost, Despatch Money：USD9000 per day or pro-rata for laytime saved.

　　　　装卸率：8000公吨/15000公吨每晴天工作日，星期天及节假日包括在内。

　　　　滞期率：18000美元/天；速遣费：9000美元/天，不足一天按比例计算。

任务三　选择适当的运输单据

一、海运单据

　　为了保证国际贸易货物的安全衔接，在整个运输过程中需要编制各种单据。这些单据各有其特定的用途，彼此之间又有相互依存的关系。它们既把船、港、货各方联系在一起，又能分清各自的权利和义务。

(一) 托运单(Booking Note, B/L)

　　托运单有的地方称"下货纸"，是托运人根据贸易合同和信用证条款内容编制的，向承运人或其代理办理货物托运的单证。承运人根据托运单的内容，并结合船舶的航线、挂靠港、船期和舱位等条件考虑，认为合适后即接受托运。

(二) 装货单(Shipping Order, S/O)

　　装货单是接受了托运人提出装运申请的船公司，签发给托运人，凭此命令船长将承运的货物装船的单据。装货单既可用作装船依据，又是货主凭以向海关办理出口货物申报手续的主要单据之一，所以装货单又称关单。对托运人而言，装货单是办妥货物托运的证明；对船公司或其代理而言，装货单是通知船方接受装运该批货物的指示文件。

(三) 收货单(Mate's Receipt，M/R)

　　收货单又称大副收据，是船舶收到货物的收据及货物已经装船的凭证。船上大副根据理货人员在理货单上所签注的日期、件数及舱位,并与装货单进行核对后,签署大副收据。如果货物装船时,发现外表有异状或损坏或短溢时,大副就应在大副收据上给予相应的批注。托运人凭大副签署过的大副收据向承运人或其代理人换取已装船提单。

由于上述三份单据的主要项目基本一致,故我国一些主要港口的做法是将它们制成联单,一次制单既减少工作量,又可减少差错。

(四) 海运提单

1. 海运提单的性质和作用

海运提单(Bill of Lading,B/L),简称提单,它是承运人或其代理人应托运人的要求,在将货物归其照管后签发给托运人的一种单据。其性质为:

认识提单

(1) 它是承运人或其代理人应托运人要求签发的货物收据(Receipt for the Goods),证明承运人已如数收到提单上所列货物。

(2) 它是一种货物所有权的凭证(Document of Title)。在国际市场上,提单可在载货船舶达到目的港交货之前进行转让,也可凭此向银行办理抵押贷款。提单持有人则可据此提取货物。

(3) 它是承运人与托运人之间运输契约的证明(Evidence of the Contract of Carriage)。

2. 海运提单的分类

(1) 按签发提单时货物是否装船分类:

① 已装船提单(Shipped or on Board B/L),是指货物装船后,由承运人签发给托运人的提单。提单上必须载明装货船名和装船日期。已装船提单在进出口贸易中被广泛使用。

② 备运提单(Received for Shipment B/L),是指承运人在收到托运货物等待装船期间,向托运人签发的提单。这种提单没有确定的装货日期,往往不注明装运船舶的名称,因而买方和银行一般不接受备运提单。备运提单如经承运人加注"已装船"字样,注明装船名称、装船日期并签字证明,也可转为已装船。

(2) 按提单有无不良批注分类:

① 清洁提单(Clean B/L),是指货物交运时外表状况良好,承运人未加有关货损或包装不良或其他有碍结汇批注的提单。清洁提单是进出口贸易中广泛采用的提单。

② 不清洁提单(Unclean or Foul B/L),是指承运人加注货物外表状况不良或存有缺陷等批注的提单。如"包装不固""破包""X 件损坏"等。

❖ **案例启迪 7-3**

某进口公司以 CFR 价格、即期信用证付款方式成交某商品 1500 袋。提货时,进口公司发现短量 103 袋,持清洁提单向船公司索赔时,船公司出示出口人出具的"赔偿保证书"(Letter of Indemnity,L/I)(通称保函),拒不承担赔偿责任,进口商当即致电卖方索赔,巧遇卖方公司破产倒闭。对此船公司应该如何处理?船公司真的没有责任吗?

(3) 按提单收货人抬头分类:

① 记名提单(Straight B/L):是指在收货人栏内,具体填明收货人名称的提单。它只

能由提单上所指定的收货人提货，不能转让，又称为"不可转让提单"。记名提单一般只用于运输贵重物品或有特殊用途的货物。收货人是具体的公司名称，只有收货人才能提货。当货物装上船的时候，这份货权就完全是收货人的了，无论对卖方还是付款银行都不利。

② 不记名提单(Bearer B/L)，又称"空白提单"，是指收货人一栏内不填写收货人名称而留空的提单。提单持有人可不作任何背书而转让或提取货物。由于这种提单风险大，进出口贸易中很少使用。

③ 指示提单(Order B/L)，在收货人栏内只填写凭指示或凭某人指示字样的一种提单。这种提单可以背书转让，又称"可转让提单"。凭XXX的指示才能使另外的人使用提单来提货的收货人记载方式如下：

To order of shipper	凭托运人指示(托运人背书)
To order of XXX Bank	凭银行指示(银行背书)
To order of XXX 公司	凭X公司指示(公司背书)
To order = To the order	凭指示(托运人背书)

空白背书是指由背书人(提单转让人)在提单的背面签字盖章就可以转让提单，谁拿到正本提单谁提货；我国在出口业务中大多使用凭指示空白背书的提单。记名背书是指转让人除签字盖章外，还须列明受让人(被背书人)的名称。在进出口贸易中，指示提单被普遍使用。我国在出口业务中大多使用凭指示空白背书的提单，习惯上称为"空白抬头""空白背书"提单。谁背书谁在单据背面盖章并签字，然后打印一句话：Please deliver to XXX 公司。

(4) 按运输方式分类：

① 直达提单(Direct B/L)，是指货物从装运港装船后，中途不换船而直接运到目的港使用的提单。直达提单上仅列有装运港和目的港的港口名称。在进出口贸易中，如信用证规定货物不准转船，卖方就必须取得承运人签发的直达提单后才能向银行办理议付货款。

② 转船提单(Transshipment B/L)，是指货物须经中途转船才能到达目的港而由承运人在装运港签发的全程提单。转船提单上注有"在某港转船"的字样，承运人只对第一程运输负责。

③ 联运提单(Through B/L)，是指须经两种或两种以上运输方式(海陆、海河、海空、海海等)联运的货物，由第一承运人收取全程运费后，在起运地签发到目的港的全程运输提单。联运提单虽然包括全程运输，但签发提单的承运人只对自己运输的一段航程中所发生的货损负责。这种提单与转船提单性质相同。

(5) 按提单的签发日期分类：

① 预借提单(Advanced B/L)，是指承运人在货物未装船或未装船完毕时签发的提单。在托运人需要提前取得运输单据办理货款结算手续，或派作其他用途时，通常会要求承运人签发预借提单。

② 倒签提单(Anti-dated B/L)，是指承运人在提单上签注的货物装船完毕的日期早于货物实际装船完毕的日期。这种提单与"预借提单"一样，通常被认为是非法的和欺诈性的，应禁止使用。

③ 过期提单(Stale B/L)，有两种情况：一种是出口商不按规定或法定的期限向银行交付的提单，即货物装船后，卖方向当地银行提交装船提单时，银行按正常邮程预计收货人

不能在船舶抵港之前收到的提单；另一种是按照《UCP600》的规定，在提单签发日期后21 天才提交的提单。过期提单影响买方及时提货、转售，并可能造成其他损失，因而为防止买方以此为借口而拒付货款，银行一般都拒收过期提单。

3. 海运提单的内容

海运提单除提单正面列有托运人和承运人分别填写的有关货物与运费等记载事项外，背面还有印就的涉及承运人与货方之间的权利、义务与责任豁免的条款。海运提单的样单如表 7-1 所示。

表 7-1　海运提单样单

Shipper	B/L NO.
Consignee	PIL PACIFIC INTERNATION LINES (PTE) LTD (Incorporated in Singapore)
Notify Party	

Vessel and Voyage Number	Port of Loading	Port of Discharge
Place of Receipt	Place of Delivery	Number of Original Bs/L(8)

PARTICULARS AS DECLARED BY SHIPPER – CARRIER NOT RESPONSIBLE			
Container Nos/Seal Nos.Marks and/Numbers	No. of Container/ Packages/Description of Goods	Gross Weight (Kilos)	Measurement (cu-metres)
FREIGHT&CHARGES	Number of Containers/Packages(in words)		
	Shipped on Board Date:		
	Place and Date of Issue:		

(五) 海上货运单

海上货运单是证明海上货物运输合同和货物由承运人接管或装船，以及承运人保证据以将货物交付单证所载明的收货人的一种不可流转的单证，因此又称不可转让海运单 (Non-negotiable Sea Waybill)。

> **课堂讨论：**
> 海运提单与海运单有什么不同？

二、其他运输单据

(一) 铁路运单

铁路运输分为国际铁路联运和国内铁路运输两种方式，前者使用国际铁路联运单据，后者使用国内铁路运单。通过铁路对港、澳出口货物时，由于国内铁路运单不能作为对外结汇的凭证，故使用"承运货物收据"这种特定性质和格式的单据。

1. 国际铁路货物联运运单

国际铁路货物联运所使用的运单是铁路与货主间缔结的运输契约的证明。此运单正本从始发站随同货物附送至终点站并交给收货人，它不仅是铁路承运货物出具的凭证，也是铁路同货主之间交接货物、核收运杂费用和处理索赔与理赔的依据。国际铁路联运运单副本在铁路加盖承运日期戳记后发给发货人，它是卖方凭以向银行结算货款的主要证件之一。

2. 承运货物收据

承运货物收据(Cargo Receipt)是在特定运输方式下使用的一种运输单据，它既是承运人出具的货物收据，也是承运人与托运人签订的运输契约的证明。中国内地通过铁路运往港、澳地区的出口货物，一般多委托中国对外贸易运输公司承办。当出口货物装车发运后，对外贸易运输公司即签发一份承运货物收据交给托运人，作为对外办理结汇的凭证。

(二) 航空运单

航空运单(Air Waybill)是承运人接受货物的收据，也是承运人与托运人之间缔结的运输合同的证明。它不同于海运提单，不代表货物所有权的物权凭证，也不是可议付或转让的单据。但航空运单可作为承运人核收运费的依据和海关查验放行的基本单据。收货人提货不是凭航空运单，而是凭航空公司的提货通知单。在航空运单的收货人栏内，必须详细填写收货人的全称和地址，而不能做成指示性抬头。

每份航空运单有三份正本和至少六份副本。三份正本分别以不同的颜色纸张印刷，各有不同的用途。第一份(蓝色)交给托运人，是承运人或其代理人收到货物后出具的货物收据；第二份(绿色)由承运人留存，作为内部记账凭证；第三份(粉红色)则随货同行，到达目的地后交给收货人，作

各种运输
单据的比较

为接收货物的收据。副本中一份黄色提货收据，由收货人在提货时签字，留存到站备查；其余副本均为白色，分别给代理人、目的港和第一、第二、第三承运人。如不够用，还可增加副本份数。

(三) 邮包收据

邮包收据(Parcel Post Receipt)是邮包运输的主要单据，它既是邮局收到寄件人的邮包后所签发的凭证，也是收件人凭以取邮件的凭证。当邮包发生损坏或丢失时，它还可以作为索赔和理赔的依据。但邮包收据不是物权凭证。

(四) 多式联运单据

多式联运单据是指证明多式联运合同成立，以及证明多式联运经营人接管货物并负责按合同条款交付货物的单据。它由多式联运经营人签发。签发这种单据的多式联运经营人必须对运输全程负责，即不论货物在哪种运输方式下发生属于承运人责任范围的丢失或损坏，都要由承运人对托运人负责赔偿。它可用于海运与其他运输方式的联运，也可用于不包括海运的其他两种或两种以上运输方式的联运。

> 课堂讨论：
> 多式联运单据和联运提单有哪些区别？

教学做一体化训练

项目 8　商定进出口合同的保险条款

1. 知识目标

(1) 认识海运货物保险承保的范围；

(2) 掌握海运货物保险险别。

2. 技能目标

(1) 能熟练选择保险险别；

(2) 能熟练书写合同保险条款；

(3) 能办理进出口投保。

【 任 务 引 入 】

浙江长征纺织品进出口公司已经和客户 Canadian Sunny Garment Import Company 建立了业务关系，并约定采用 CIF 贸易术语。在采用该术语的情况下，由卖方即浙江长征纺织品进出口公司办理出口保险手续。

业务员王新已经和加拿大公司负责人 Jack 就本次业务进行了业务磋商，现在就出口的女式真丝衬衫在出口运输过程中可能遭遇的风险进行讨论和进一步交流。双方一致认为，本次出口的时间较长，不确定性因素较多，期间可能会遭遇自然灾害或意外事故等。此外，Jack 还考虑到女式真丝衬衫在运输、装卸、存储过程中，也有可能被偷窃或丢失而导致短量、提货不着等。王新和 Jack 就双方交流的内容着手拟定合同的保险条款。

【 任 务 分 析 】

进出口货物买卖中，买方或卖方为了转嫁货物在运输过程中的风险损失，保障货物在遭受损失时能得到经济上的补偿，需要办理货物运输保险。进出口货物运输保险是指保险人(保险公司)与被保险人(卖方或买方)订立保险合同，被保险人向保险人按一定金额为进出口货物投保一定的险别并缴纳相应的保险费。保险人根据保险合同的规定，对货物在运输过程中发生的承保责任范围内的损失给予被保险人经济上的补偿。

贸易故事

本次商定任务中，进出口双方需要考虑的问题是：商品在海运途中可能会遭遇哪些风险、损失和费用？发生全损的可能性有多大？发生部分损失的可能性有多大？是否所有的风险、损失和费用均能得到承保？

任务一 认识海运保险承保范围

国际货物运输保险因运输方式的不同，分为海洋运输货物保险、陆上运输货物保险、航空运输货物保险、邮包运输货物保险等，这里我们主要介绍海洋运输货物保险，简称海运货物保险。就海运货物保险而言，保险人承保的范围主要包括风险、损失与海上费用，如图 8-1 所示。

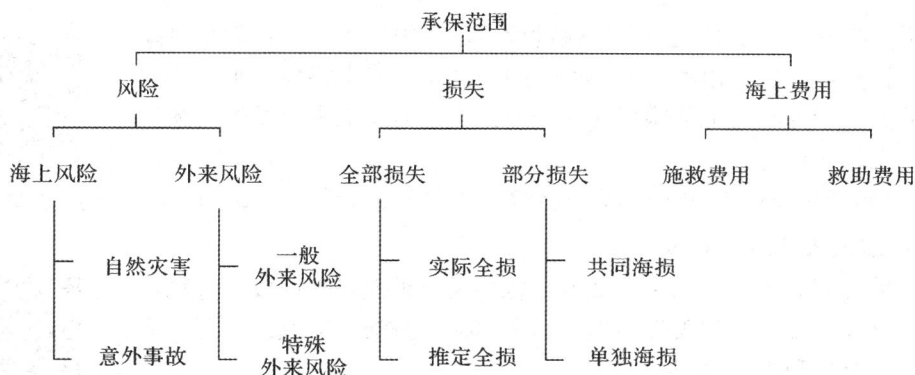

图 8-1 海运货物保险承保的范围

一、风险

在各种保险单中，"风险"一词常在承保范围条款中使用，它是指灾害事故发生的可能性以及人们对灾害事故的发生在认识上的不确定性。海洋运输货物保险的风险分为海上风险和外来风险两种。

(一) 海上风险

海上风险(Perils of the Sea)是保险业的专门术语，又称海难，一般是指船舶或货物在海上航行中发生的或随附海上运输所发生的风险，包括自然灾害(Natural Calamity)和意外事故(Fortuitous Accidents)，具体内容如表 8-1 所示。

表 8-1 海 上 风 险

自然灾害	不以人的意志为转移的自然界破坏力量所引起的灾害，如恶劣气候、雷电、海啸、地震、洪水、火山爆发、浪击落海等
意外事故	由于偶然的、难以预料的原因造成的事故，如船舶搁浅、触礁、沉没、焚毁、互撞或遇流冰及其他固体物体，以及由于与码头碰撞以及失火、爆炸等原因造成的事故

(二) 外来风险

外来风险(Extraneous Risks)是指由于海上风险以外的其他外来原因引起的风险。货物运输中所指的外来风险必须是意外的、事先难以预料的，而不是必然发生的外来因素。外来风险可分为一般外来风险和特殊外来风险，具体内容如表 8-2 所示。

表 8-2　外　来　风　险

一般外来风险	被保险货物在运输途中由于偷窃、雨淋、短量、玷污、渗漏、破碎、受潮、受热、串味、生锈等一般外来原因所造成的风险损失
特殊外来风险	由于战争、罢工、交货不到、拒收、政府禁令等特殊外来原因所造成的风险损失

二、损失

损失是指被保险货物在海上运输过程中，由于海上风险和外来风险所造成的损失或灭失。由海上风险引起的损失也叫海上损失。根据各国保险业的习惯，凡与海上运输相连接的陆上或内河运输中所发生的损失也属于海上损失。

海上损失简称海损，可按损失的程度分为全部损失与部分损失。

海上损失的界定

1. 全部损失(Total Loss)

全部损失简称"全损"，是指被保险货物由于承保风险造成的整批货物的全部灭失或视同全部灭失的损害。全部损失按损失情况的不同，又可分为实际全损和推定全损。

(1) 实际全损(Actual Total Loss)是指该批被保险货物在运输途中完全灭失，或者受到严重损坏完全失去原有的形体、效用，或者不能再归被保险人所拥有等情况。

实际全损的情形

(2) 推定全损(Constructive Total Loss)是指被保险货物在运输途中受损后，实际全损已经不可避免，或者为避免发生实际全损所需支付的费用与继续将货物运抵目的地的费用之和超过保险价值，即恢复、修复受损货物并将其运送到原定目的地的费用将超过该目的地的货物价值。

推定全损的情形

2. 部分损失(Partial Loss)

部分损失是指被保险货物的损失没有达到全部损失的程度。部分损失按损失的性质，又可分为共同海损和单独海损。

(1) 共同海损(General Average，G.A.)。共同海损是指在同一海上航行中遭遇自然灾害或意外事故或其他特殊情况，威胁到船舶、货物和其他财产的共同危险，为了解除共同危险，维护各方的共同利益，或使航程继续完成，船方有意地、合理地采取抢救措施所直接造成的某些特殊牺牲或支付的某些特殊费用。

共同海损的成立，必须具备下列条件：

① 船方在采取措施时，当时必须确有危及船、货共同安全的危险存在；

② 船方所采取的措施，必须是为了解除船、货共同安全的危险，有意识而且是合理的；

③ 所作牺牲具有特殊性，支出的费用是额外的，是为了解除危险，而不是由危险直接造成的；

④ 牺牲和费用的支出最终必须是有效的，也就是说经过采取某种措施后船舶和货物全部或一部分最后安全抵达航程的终点港或目的港，从而避免了船、货同归于尽的局面。

课堂讨论：
　　以下哪种情况造成的损失属于共同海损？
　　(1) 船舶航行中，船上意外失火而引起火灾，船长下令灌水灭火，致使部分货物受潮造成的损失。
　　(2) 航行过程中，船长认为前方可疑船只为海盗船，命令立即掉头远离该船，却意外触礁，导致船壳钢板裂损。事后得知遇到的并非海盗船。
　　(3) 船因故搁浅，船长为脱浅，命令船员将部分货物抛入海中以卸载。船舶起浮后，由于船员疏忽仍继续抛货。
　　(4) 船在航行中由于推进器失灵，导致船舶失控，船长向附近港口呼救，要求派拖轮，发生了拖轮费用。

　　根据惯例，共同海损的牺牲和费用应由船舶、货物和运费三方按最后获救的价值多寡，按比例进行分摊。这种分摊称为共同海损分摊(General Average Contribution)。保险人对共同海损的损失以及保险标的物应承担的共同海损的分摊都应予以赔偿。

❖ **案例启迪 8-1**

　　一艘开往新加坡装满棉布的货轮，在航行途中甲舱突然起火，乙舱并未着火，但船长并未调查便认为都已着火，命令对两舱进行灌水施救，结果甲舱棉布大部分被烧毁，只剩下一部分，乙舱全部棉布发生严重水渍。请问：甲舱、乙舱的损失各为何种海损？损失由谁承担？

❖ **案例启迪 8-2**

　　有一货轮在航行中与流冰相撞。船身一侧裂口，舱内部分甲方货物遭浸泡。船长不得不将船就近驶入浅滩，进行排水，修补裂口。而后为了浮起又将部分乙方笨重的货物抛入海中。甲方部分货物遭受浸泡损失了三万美元，将船舶驶上浅滩以及产生的一连串损失共为八万美元，那么，如何分摊损失？(该船舶价值为 100 万美元，船上载有甲、乙、丙三家的货物，分别为 50 万、33 万、8 万美元，待收运费为 2 万美元。)

　　(2) 单独海损(Particular Average，P.A.)。单独海损是指除共同海损以外的部分损失，即被保险货物遭遇海上风险受损后，其损失未达到全损程度，而且该损失应由受损方单独承担的部分损失。单独海损与共同海损的主要区别见表 8-3。

表 8-3　单独海损与共同海损的区别

比较项目	共同海损	单独海损
造成海损的原因	为了解除或减轻共同危险，人为地造成的一种损失	承保风险所直接导致的船、货损失
承担损失的责任	应由受益的各方按照受益大小的比例共同分摊	一般由受损方自行承担

❖ **案例启迪 8-3**

　　某货轮从天津新港驶往新加坡，航行途中船舶货舱起火，大火蔓延到机舱，船长为了船货的共同安全，决定采取紧急措施，往舱中灌水灭火。火虽被扑灭，但由于主机受损无法继续航行，于是船长决定雇用拖轮拖回新港修理，检修后重新驶往新加坡。事后调查，这次事故造成的损失为：① 1000 箱货物被火烧毁；② 600 箱货物由于灌水灭火而受损；

③ 主机和部分甲板被烧坏；④ 拖轮费用和额外增加的燃料费用及船长、船员工资。从上述各项损失的性质看，哪些属于单独海损？哪些属于共同海损？

三、海上费用

海上费用是指海上风险造成的费用损失。保险货物遭遇保险责任范围内的事故，除了会使被保险货物本身受到损毁导致经济损失外，还会因营救被保险货物而产生费用方面的损失。保险人对于这种由于营救而产生的费用支出也会予以赔偿。保险公司负责赔偿的海上费用主要有：

(1) 施救费用。施救费用(Sue and Labor Expenses)是指保险标的在遭遇保险责任范围内的灾害事故时，被保险人或其代理人、雇佣人员和保险单受让人对保险标的所采取的各种抢救、防止或减少货损的措施而支出的合理费用。

(2) 救助费用。救助费用(Salvage Charges)是指保险标的遭遇保险责任范围内的灾害事故时，由保险人和被保险人以外的第三者采取了救助措施并获得成功而向其支付的报酬，保险人对这种费用也负责赔偿。

❖ 案例启迪 8-4

某货轮满载货物驶离 A 港口。开航后不久，由于空气湿度很大，导致老化的电线短路引起大火，将装在货舱甲的毛毯完全烧毁。船到 B 港口卸货时发现，装在同一货舱中的烟草和茶叶由于羊毛燃烧散发出的焦煳味道而遭受了不同程度的串味损失。其中烟草由于包装较好，串味不是非常严重，经过特殊加工处理，仍保持了烟草的特性，但是等级已大打折扣，售价下降三成。而茶叶则完全失去了其特有的芳香，无论如何不能当做茶叶，只能按照廉价的填充物处理。后来，该船不幸又与另一艘货轮相撞，船体严重受损，货舱乙破裂，舱内进入大量海水，剧烈的震动和海水浸泡导致舱内装载的精密仪器严重受损。为了救险，船长命令用亚麻临时堵住漏洞，造成大量亚麻损失。在船舶停靠在避难港进行大修时，船方就受损精密仪器的抢修整理事宜向岸上有关专家进行了咨询，发现整理恢复费用十分庞大，已经超过了货物的保险价值。为了方便修理船舶，不得不将货舱丙和货舱丁的部分纺织品货物卸下，在卸货时造成一部分货物钩损。试分析以上各部分损失属于什么类型和性质。

任务二　海洋货物运输保险条款和保险险别

海洋货物运输保险是以海上运输中的各种货物为保险标的的一种保险。我国国际货物运输保险主要采用中国人民保险公司(The People's Insurance Company of China, PICC)制定的《中国保险条款》(China Insurance Clauses, C.I.C.)

一、我国海运货物保险条款

中国人民保险公司 1981 年 1 月 1 日修订的《海洋运输货物保险条款(Ocean Marine Cargo Insurance Clauses)》规定，海洋运输货物保险的险别包括下列几种类型。

如何界定海上风险的责任范围

（一）基本险

基本险也称作主险，是可以单独承保的险别。基本险所承保的主要是"自然灾害"和"意外事故"所造成的货物损失或费用。我国海洋运输货物的基本险别分为平安险、水渍险和一切险。

1. 平安险(Free from Particular Average，F.P.A.)

平安险其原意是"单独海损不赔"，这里的单独海损指的是部分损失。平安险承保的责任范围如下：

(1) 由于自然灾害所造成的整批货物的全部损失。

(2) 由于运输工具搁浅、触礁、沉没、互撞，与流冰或其他物体碰撞以及失火爆炸等意外事故所造成的货物全部或部分损失。

(3) 上述(2)情况下，货物在此前后又在海上遭受自然灾害所造成的部分损失。

(4) 在装卸或转运时，一件或数件货物落海所造成的全部损失和部分损失。

(5) 被保险人采取抢救、防止或减少承保责任内货损的措施而支付的合理费用。

(6) 运输工具遭受海难后，在中途港或避难港停靠，由于卸货、装货、存仓以及运送货物所造成的特别费用。

(7) 发生共同海损所引起的牺牲、分摊和救助费用。

(8) 根据运输契约中约定的"船舶互撞责任"条款，规定应由货方偿还船方的损失。

从上述平安险责任范围的具体内容来看，"平安险"或"单独海损不赔"的叫法都不能十分确切地反映出它的责任范围。平安险是保险人承保范围最小的一种。实际上，平安险并不是对所有的单独海损都不负赔偿责任，而仅对由于自然灾害所造成的单独海损不赔，对于因搁浅、触礁等指定的几个意外事故所造成的单独海损还是要负责的。此外，如果在运输途中运输工具发生过搁浅、触礁、沉没、焚毁的意外事故，不论是在事故发生之前或之后由于自然灾害所造成的单独海损，保险人也要负责。

❖ 案例启迪 8-5

有批玻璃制品出口，由甲乙两轮分别载运，货主投保了平安险。甲轮在航行途中与他船发生碰撞事故，玻璃制品因此而发生部分损失；而乙轮却在航行途中遇到暴风雨，使玻璃制品相互碰撞而发生部分损失。事后，两家货主向保险人提出索赔，保险人分别该如何处理？

2. 水渍险(With Particular Average, W.P.A.)

水渍险其英文原意为"负责单独海损责任"，它的责任范围除包括"平安险"保险责任范围外，还包括被保险货物因恶劣天气、雷电、海啸、地震、洪水等自然灾害所造成的部分损失。

❖ 案例启迪 8-6

"东风轮"满载货物起航，由于气候恶劣，风浪过大，海水不断渗入。为了船货共同安全，船长下令抛掉 A 舱的所有钢材。不久入侵海水使 B 舱底层货物严重受损，甲板上的 2000 箱货物也被风浪卷入海里。问：以上损失各属于什么性质的损失？投保何种险别的情况下保险公司会给予赔偿？

3. 一切险(All Risks, A.R.)

一切险的责任范围除平安险、水渍险的所有保险责任外，还包括被保险货物在运输途中由于一般外来原因所造成的全部或部分损失。一切险实际上是水渍险、平安险和一般附加险责任的总和。我国大多数进出口货物皆选择投保一切险。

4. 基本险除外责任

基本险的除外责任，是指保险人不负责赔偿的损失或费用，即在投保基本险的情况下，保险公司对除外责任规定范围内的损失和费用不予赔偿。

我国海洋运输货物保险条款中对基本险规定了下列除外责任：

(1) 被保险人的故意行为或过失所造成的损失；

(2) 发货人的责任所造成的损失；

(3) 收货人的故意行为或过失所造成的损失；

(4) 被保险货物的自然损耗、本质缺陷、货物的特性、运输延迟等原因造成的损失；

(5) 在保险责任开始以前已存在的数量短缺或品质不良所造成的损失。

5. 基本险的承保责任起讫期限

"仓至仓条款"(Warehouse to Warehouse Clause，W/W)是指保险公司对保险货物所承担的保险责任，从运离保险单所载明的起运港(地)的发货人仓库开始，一直到货物到达保险单所载明的目的港(地)收货人仓库为止(在仓库发生的损失概不负责)。"运离"即保险货物一经离开发货人仓库，保险责任即为开始；"到达"即保险货物一经进入收货人仓库，保险责任即告终止。但是仓至仓责任不是绝对的，要受以下条件限制：

(1) 当货物从目的港的海轮卸离时起满 60 天为限，即不论被保险货物是否进入收货人仓库，保险责任均告终止；

(2) 在保险期内被保险货物转运到非保险单所载明的目的地时，则以该项货物开始运转时终止；

(3) 当货物在运至载明的目的港之前的某一仓库发生分配、分派情况，则保险责任在货物运抵该仓库时终止。

我国海洋运输
专门险

❖ 案例启迪 8-7

我某外贸公司以 CIF 术语出口一个整集装箱的货物，我方在货物出运前及时投保了海运一切险。在货物从出口公司仓库运到码头装运的路途中，由于驾驶员的疏忽，集装箱货车意外翻下山崖，导致货物全部报废。试分析说明，保险公司是否应该赔偿？

(二) 附加险

附加险是基本险的扩大和补充。附加险不能单独投保，只能在投保一种基本险的基础上加保。加保的附加险可以是一种或几种，同时加缴保险费。附加险所承保的主要是由于外来原因所造成的损失。附加险的种类很多，中国人民保险公司承保的附加险可分为一般附加险和特别附加险两种。

1. 一般附加险 (General Additional Risk)

一般附加险包括的内容如表 8-4 所示。

表 8-4　一般附加险险种

险　别	释　义
T.P.N.D. (Theft, Pilferage and Non-delivery, 偷窃、提货不着险)	被保险货物被偷走或窃走，以及货物运抵目的港后，货物的全部或整件未交的损失
R.F.W.D. (Fresh Water Rain Damage，淡水雨淋险)	货物运输中，由于淡水、雨水以及冰雪融化所造成的损失，包括船上淡水舱、水管漏水以及舱汗
Risks of Shortage(短量险)	保险人承担承保货物数量和重量发生短少的损失
Inter-Mixture & Contamination Risks(混杂、玷污险)	货物在运输过程中混进杂质所造成的损失
Leakage Risk(渗漏险)	流质、半流质的液体物质和油类物质在运输过程中因为容器损坏而引起的渗漏损失
Clash & Breakage Risk(破损、破碎险)	承保货物碰损和破碎的损失
Taint of Odour Risk(串味险)	承保货物在运输途中因受其他带异味货物的影响而造成的串味的损失
Sweating & Heating Risk(受潮受热险)	承保货物在运输途中因受气温变化或水蒸气的影响而使货物发生变质的损失
Hook Damage Risk(钩损险)	被保险货物在装卸过程中因为使用手钩、吊钩等工具所造成的损失
Rust Risk(锈损险)	承保货物在运输过程中因为生锈造成的损失
Breakage of Packing Risk(包装破损险)	因包装破裂造成货物短少、沾污等损失

2. 特别附加险(Special Additional Risk)

特别附加险主要承担特殊外来风险所造成的损失，主要承保范围如表 8-5 所示。

表 8-5　特别附加险险种

险　种	释　义
海上货物运输罢工险(Strikes Risk)	承保被保险货物因罢工等人为活动造成损失的特殊附加险
海上货物运输战争险(War Risk)	承保战争或类似战争行为导致的货物损失的特殊附加险
交货不到险(Failure to Deliver)	自被保险货物装上船舶时开始，在 6 个月内不能运到原定目的地交货的损失
进口关税险(Import Duty Risk)	被保险货物受损后，仍得在目的港按完好货物交纳进口关税而造成相应货损部分的关税损失
舱面险(On Deck Risk)	承保装载于舱面的货物被抛弃或被海浪冲击落水所致的损失
拒收险(Rejection Risk)	在进口港被进口国政府或有关当局拒绝进口或没收而产生的损失

续表

险　　种	释　　义
黄曲霉素险(Aflatoxin Risk)	承保被保险货物(主要是花生)在进口港或进口地经卫生当局检验证明,其所含黄曲霉素超过进口国限制标准,而被拒绝进口、没收或强制改变用途所造成的损失
货物出口到香港(包括九龙)或澳门存仓火险责任扩展条款(Fire Risk Extension Clause – for storage of cargo at destination HongKong, including Kowloon, or Macao)	对于被保险货物自内地出口运抵香港(包括九龙)或澳门,卸离运输工具,直接存放于保险单载明的过户银行所指定的仓库期间发生火灾所造成的损失

❖ **案例启迪 8-8**

　　一批出口冻肉投保了一切险加战争险和罢工险。货到目的港后,当地码头工人开始罢工,港口无人作业,货物无法卸下,不久货轮因无法补充燃料以致冷冻设备停机。在罢工结束后,该批冻肉已变质。问：这种损失保险公司是否负责赔偿?

> **课堂小思考：**
> 　　我方按 CIF 贸易术语对外发盘,按卖方负责投保下列险别作为保险条款是否妥当? 如有不妥,试予更正并说明理由。

　　(1) 一切险、偷窃提货不着险、串味险、交货不到险。
　　(2) 平安险、一切险、受潮受热险、战争险、罢工险。
　　(3) 水渍险、碰损破碎险。
　　(4) 偷窃提货不着险、钩损险、战争险、罢工险。

❖ **案例启迪 8-9**

　　一批货物投保了一切险加战争险和罢工险。当货物卸至目的港码头后,当时码头工人罢工。在工人与政府的对抗中,该批货物有的散落在地,有的被当作掩体,出现严重损失。问：这种损失保险公司是否负责赔偿?

二、其他货运保险险别与条款

1. 陆上货物运输保险

　　中国人民保险公司 1981 年 1 月 1 日修订的《陆上运输货物保险条款(Overland Transportation Cargo Insurance Clauses)》规定基本险别分为陆运险(Overland Transportation Risks)和陆运一切险(Overland Transportation All Risks)两种。

陆上运输险承保范围

　　陆上运输冷藏货物险(Overland Transportation Insurance Frozen Products)是陆上运输货物保险中的一种专门保险。

　　陆上运输货物战争险(Overland Transportation Cargo War Risks)是陆上运输货物险的一种附加险,只有在投保了基本险之后才能投保,目前仅限于火车运输。

2. 航空运输保险

　　中国人民保险公司修订的《航空运输货物保险条款(Air Transportation Cargo Insurance

Clauses)》规定，航空运输货物保险的基本险别分为航空运输险(Air Transportation Risks)和航空运输一切险(Air Transportation All Risks)两种。

航空运输货物战争险(Air Transportation Cargo War Risks)是航空运输货物险的一种附加险，只有在投保了基本险的基础上，经被保险人申请，并加缴保险费后方可承保。

3. 邮政包裹运输保险

中国人民保险公司修订的《邮包保险条款(Parcel Post Insurance Clauses)》规定，邮包保险的基本险别分为邮包险(Parcel Post Risks)和邮包一切险(Parcel Post All Risks)两种。另外还有附加险，即邮包战争险。

三、伦敦保险业协会海运货物保险条款

在海运货物保险方面，目前世界上有三分之二的国家直接采用伦敦保险协会制定的《协会货物条款(Institute Cargo Clauses, I.C.C.)》，还有一些国家的保险条款是以《协会货物条款》为蓝本制定的。因此，海上保险条款在国际范围内已在很大程度上达成一致。

在各国的进出口业务中，除了使用本国保险公司的保险单和货物保险条款外，常用的就是伦敦保险协会制定的《协会货物条款》。按照《2020 通则》的要求，如合同中没有其他规定，则卖方应按伦敦保险协会的《协会货物条款》规定的最低险别办理保险手续。

英国伦敦保险业协会所制定的《协会货物险条款》共有六种险别：

(1) 协会货物(A)险条款(Institute Cargo Clauses A, ICC(A))；
(2) 协会货物(B)险条款(Institute Cargo Clauses B, ICC(B))；
(3) 协会货物(C)险条款(Institute Cargo Clauses C, ICC(C))；
(4) 协会货物战争险条款(Institute War Clauses(Cargo))；
(5) 协会货物罢工险条款(Institute Strikes Clauses(Cargo))；
(6) 恶意损害险条款(Malicious Damage Clauses)。

ICC(A)、ICC(B)、ICC(C)
险别的承保范围对照

伦敦保险业协会海运货物保险条款中，除恶意损害险外，其余五种险别均按条文的性质统一划分为八个部分：承保范围(Risks Covered)、除外责任(Exclusions)、保险期限(Duration)、索赔(Claims)、保险利益(Benefit of Delay)、减少损失(Minimizing Losses)、防止延迟(Avoidance of Delay)和法律惯例(Law and Practice)。

任务三　合同中的保险条款和保险实务

一、进出口货物买卖合同中的保险条款

以 FOB、CFR 或 FCA、CTP 条件成交的合同，保险条款可订为："保险由买方负责(Insurance：To be covered by the Buyer)"。加保附加险的条款为："加保破损、破碎险(Including Risk of Clashing and Breakage)"。

部分商品投保
险别参考表

CIF 或 CIP 合同的保险条款可订为："保险由卖方按发票金额的××%投保××险，按中国人民保险公司 1981 年 1 月 1 日的有关海洋运输货物保险条款为准。

(Insurance：To be covered by the Seller for 110% of total invoice value against ... as per the relevant Ocean Marine Cargo Clauses of the People's Insurance Company of China dated 1/1 1981.)"。

二、出口货物保险费的计算方法

保险金额(Insured Amount)是被保险人对保险标的的实际投保金额，也是保险人依据保险合同所应承担的最高赔偿金额，还是计收保险费的基础。在国际货物买卖中，如果买卖双方采用 CIF 或 CIP 贸易术语成交，买卖合同中应对保险金额作出规定；若未作明确规定，按照有关的国际贸易惯例，出口货物的保险金额一般是按 CIF 价计算后再加 10%的投保加成率(涉及买方预期利润和有关费用)。其中保险费率按照商品的品种、航程、险别计算。

根据国际保险市场的习惯，保险金额的计算公式为

$$保险金额 = CIF(或 CIP)价 \times (1+投保加成率)$$

$$CIF(或 CIP)价 = \frac{CFR(或CPT)价}{1-(1+投保加成率) \times 保险费率}$$

$$保险费 = CIF(或 CIP)价 \times (1 + 投保加成率) \times 保险费率$$

> 📖 **课堂讨论：**
> 我国某外贸公司以 CFR 神户每公吨 350 美元向日商报盘出售农产品(按一成投保水渍险，保险费率为 0.8%)，日商要求改报 CIF 价。问：保险金额及保险费如何计算？

三、出口货物的保险手续

若按 CIF 条件成交，应由我方出口公司及时向当地的中国人民保险公司办理投保手续。具体步骤包括：

(1) 投保人填写投保单。具体说明保险人姓名、保险货物名称、数量、包装、标志、保险金额、保险起讫地点、运输工具、起讫日期和投保险别等。

(2) 保险公司以投保单为凭出具保险单，以作为其接受保险的正式凭证。该凭证是出口人向银行议付货款所必备的凭证之一，也是被保险人索赔和保险公司理赔的主要依据之一。

(3) 投保人需要更改险别、运输工具、航程、保险期限及保险金额等，应向保险公司提出申请，若保险公司接受申请，应立即出立批单，作为保险单的组成部分附在保险单上。

(4) 被保险人按规定缴纳保险费。

(5) 若发生承保责任范围内的损失，可由国外收货人持有关凭证直接向中国人民保险公司或其代理人索赔。

四、保险单证

我国进出口业务中常使用的保险单证包括：

(1) 保险单(Insurance Policy)：大保单。

(2) 保险凭证(Certification of Insurance)：小保单。

保险单据类型

(3) 暂保单(Cover Note)。

(4) 联合凭证(Combined Certificate)。

(5) 预约保险单(Open Policy)。

(6) 批单(Endorsement)。

中国人民保险公司保险单格式如表 8-6 所示。

表 8-6　保险单样单

| PICC | 中国人民保险公司
The People's Insurance Company of China | |
| | 总公司设于北京
Head Office Beijing | 一九四九年创立
Established in 1949 |

货物运输保险单
CARGO TRANSPORTATION INSURANCE POLICY

发票号(INVOICE NO.)		保单号次
合同号(CONTRACT NO.)		POLICY NO.
信用证号(L/C NO.)		
被保险人: INSURED:		

中国人民保险公司(以下简称本公司)根据被保险人的要求,由被保险人向本公司缴付约定的保险费,按照本保险单承保险别和背面所载条款与下列特款承保下述货物运输保险,特立本保险单。
THIS POLICY OF INSURANCE WITNESSES THAT THE PEOPLE'S INSURANCE COMPANY OF CHINA (HEREINAFTER CALLED "THE COMPANY") AT THE REQUEST OF THE INSURED AND IN CONSIDERATION OF THE AGREED PREMIUM PAID TO THE COMPANY BY THE INSURED, UNDERTAKES TO INSURE THE UNDERMENTIONED GOODS IN TRANSPORTATION SUBJECT TO THE CONDITIONS OF THIS OF THIS POLICY AS PER THE CLAUSES PRINTED OVERLEAF AND OTHER SPECIAL CLAUSES ATTACHED HEREON.

标 记 MARKS&NOS	包装及数量 QUANTITY	保险货物项目 DESCRIPTION OF GOODS	保险金额 AMOUNT INSURED

总保险金额
TOTAL AMOUNT INSURED:

| 保费:
PERMIUM: AS ARRANGED | 启运日期
DATE OF COMMENCEMENT: | 装载运输工具:
PER CONVEYANCE: |
| 自
FROM: | 经
VIA | 至
TO |

承保险别:
CONDITIONS:

所保货物,如发生保险单项下可能引起索赔的损失或损坏,应立即通知本公司下述代理人查勘。如有索赔,应向本公司提交保单正本(本保险单共有　份正本)及有关文件。如一份正本已用于索赔,其余正本自动失效。
IN THE EVENT OF LOSS OR DAMAGE WITCH MAY RESULT IN A CLAIM UNDER THIS POLICY, IMMEDIATE NOTICE MUST BE GIVEN TO THE COMPANY'S AGENT AS MENTIONED HEREUNDER. CLAIMS, IF ANY, ONE OF THE ORIGINAL POLICY WHICH HAS BEEN ISSUED IN　ORIGINAL(S) TOGETHER WITH THE RELEVANT DOCUMENTS SHALL BE SURRENDERED TO THE COMPANY. IF ONE OF THE ORIGINAL POLICY HAS BEEN ACCOMPLISHED. THE OTHERS TO BE VOID.

中国人民保险公司
The People's Insurance Company of China

| 赔款偿付地点
CLAIM PAYABLE AT | | |
| 出单日期
ISSUING DATE | | Authorized Signature |

教学做一体化训练

项目9　商定进出口合同的价格条款

【学习目标】

1. 知识目标

(1) 了解进出口货物价格的构成；

(2) 掌握进出口货物作价的原则与方法；

(3) 掌握价格条款的签订。

2. 技能目标

(1) 能进行成本核算；

(2) 能进行出口报价和还价核算；

(3) 能正确拟定价格条款的内容。

【任务引入】

王新向几个合作多次的供应商询价，要求该批出口的女士真丝衬衫采购成本为每件200元左右，包括17%的增值税，出口退税率11%，公司的定额费率为采购价的5%，预期利润率为15%。王新现在准备和对方确定最后的成交价格。

任务：经查，至多伦多的运费为10元/件；若加一成投保，保险费率为1%。请分别报该商品的FOB、CFR、CIF价。

贸易故事

【任务分析】

国际市场价格是以国际价值为基础，在市场竞争中形成并为交易双方所接受的价格，它反映了国际市场的供求关系。相对于国内贸易而言，进出口贸易中货物的成交单价的构成更加复杂，其表现形式与国内贸易中货物的单价相比也有明显不同。

本次商定任务中，进出口双方需要考虑的问题是：选择结算货币应遵循什么原则？出口总成本应包含哪些项目？进出口报价核算的步骤是什么？

任务一　认识货物的价格

一、货物的单价

货物的单价(Unit Price)是指买卖双方成交商品的单位价格。相对于国内货物买卖的单价而言，进出口贸易的单价构成更加复杂，它由计量单位、单位价格金额、计价货币和贸易术语四部分组成，缺一不可。

范例：USD200 per M/T CIF Guangzhou.

每公吨 200 美元 CIF 广州。

其中：USD 为计价货币，200 为单位价格金额，M/T 为计量单位，CIF Guangzhou 为贸易术语。

商品单价的构成

（一）计量单位

在进出口业务活动中，货物单价构成中的计量单位应该与合同数量条款中使用的计量单位一致。如合同数量条款以"公吨"为计量单位，则单价中应以"公吨"为单位计价，而不应采用"千克"或"公斤"计价。再如，合同数量条款以"打"表示，则单价应以"打"计价，而不应采用"个"或"件"。

（二）单位价格金额

单位价格金额的大小直接影响着买卖双方的经济利益，它是价格条款的核心。在交易磋商过程中，买卖双方应认真核算成本后慎重报价，避免报错价格造成被动。

（三）计价货币

计价货币(Currency of Account)是指买卖双方约定用来计算价格的货币。当合同没有约定用其他货币支付时，计价货币就是支付货币(Currency of Payment)。在进出口贸易中，使用哪种货币作为成交商品的计价货币，必须明确规定，以免买卖双方理解不同而引起争议。

根据进出口贸易的特点，用来计价的货币，可以是出口国家货币，也可以是进口国家货币或双方同意的第三国货币，也可以是某一种记账单位，由买卖双方协商确定。

课堂讨论：

为什么在进口业务中尽量使用"软币"，而出口业务中尽量使用"硬币"？

由于货币的币值不稳定，买卖双方在选择计价货币时，应遵循以下两个原则：

(1) 使用可自由兑换的货币。世界上有 60 多个国家或地区接受了《国际货币基金协定》中关于货币自由兑换的规定，也就是说，这些国家或地区的货币被认为是自由兑换的货币，其中主要有：美元(USD)、欧元(EUR)、日元(JPY)、港元(HKD)、加拿大元(CAD)、澳大利亚元(AUD)、新西兰元(NZD)、新加坡元(SGD)、挪威克朗(NKR)。

(2) 避免汇率风险。由于各国使用的货币不同，加上各国间货币汇率经常变化，因此，在进出口货款收付结算的时候，就会产生汇率风险。在出口业务中，一般应尽可能争取多使用汇率稳定且有升值趋势的货币，即"硬币"。在进口业务中，一般应尽可能争取多使用汇率有下降趋势的货币，即"软币"。但在实际业务中，以什么货币作为计价货币，还应视双方的交易习惯、经营意图以及价格而定。如果为达成交易而不得不采取对我方不利的货币，则可用下述两种办法补救：一是根据该种货币今后可能的变动幅度，相应调整对外价格；二是在可能的条件下，争取订立保值条款，以避免计价货币汇率变动的风险。

(四) 贸易术语

相关贸易术语已在项目 3 中详细介绍，在此不重复介绍。

二、佣金与折扣

在价格条款中，有时候会涉及佣金和折扣。进出口商品价格中包含了佣金或折扣，既影响到最终价格的高低，也关系到进、出口双方以及相关第三方的经济利益。

(一) 佣金

佣金(Commission)又称手续费(Brokerage)，是指买方或卖方支付给介绍交易或代为买卖的中间商(经纪人或代理人)的、为其对货物的销售或购买提供中介服务的报酬。佣金率的高低关系到商品的价格和竞争能力，应根据不同商品、不同市场、不同的交易对象灵活掌握，合理规定，切不可千篇一律，机械行事。一般来说，成交数量大或畅销商品应低一点，新商品、积压品可高一点。佣金率一般在 1%～5%为宜。

1. 佣金的表示方法

佣金有明佣和暗佣之分。凡在价格中标明含佣金若干的为明佣。凡在价格中不标明但实际上又另外约定含佣金若干的为暗佣，由当事人按约定另行私下交付。含有明佣和暗佣的价格通称为含佣价(Price including Commission)。凡价格中不含佣金或折扣的称为净价(Net Price)。

在商品价格中包括佣金时，通常以文字来说明。

范例：USD100.00 per M/T CIF Hong Kong including 5% commission.
　　　每公吨 100 美元 CIF 香港包括 5%佣金。
　　　USD100.00 per M/T CIFC5% Hong Kong.
　　　每公吨 100 美元 CIFC5%香港。
　　　USD100.00 per M/T CIF Hong Kong including USD50.00 per M/T commission.
　　　每公吨 100 美元 CIF 香港含 50 美元佣金。

在实践中，通常以佣金率来表示佣金。

2. 佣金的计算方法

在进出口业务中，计算佣金的方法不一，有的按成交金额约定的百分比计算，也有的按成交商品的数量来计算。计算佣金的公式如下：

$$单位货物佣金额 = 含佣价 × 佣金率$$
$$净价 = 含佣价 - 单位货物佣金额 = 含佣价 × (1 - 佣金率)$$

$$含佣价 = \frac{净价}{1-佣金率}$$

课堂讨论：

　　某出口公司向英国某进口商出口商品，对外报价为 FOBC2%上海每箱 800 英镑，客户要求将佣金率增至 5%。出口公司考虑后同意，但为使净收入不减少，价格应改报为多少？

3. 佣金的支付

佣金的支付要根据中间商提供服务的性质和内容而定，通常有以下三种支付方式：

(1) 出口企业收到全部货款后再支付佣金给中间商或代理商；

(2) 中间商在付款时直接从货价中扣除佣金；

(3) 买卖双方达成交易后就支付佣金给中间商。

我国出口业务中通常采用第一种方法支付佣金，第二种方法通常是在货款经中间商结算时使用，第三种方法由于不能保证交易的顺利进行而很少使用。

(二) 折扣

折扣(Discount)是指卖方给予买方一定的价格减让，即在原价基础上给予适当的优惠。在我国进出口贸易中，使用折扣主要是为了扩大对外销售。

1. 折扣的表示方法

折扣一般在合同的价格条款中明确规定(明扣)，也有双方私下就折扣问题达成协议而不在合同中表示出来的(暗扣或回扣)。

范例：USD100.00 per M/T CIF Hong Kong including 5% discount.

　　　每公吨 100 美元 CIF 香港折扣 5%。

　　　Per M/T less USD10.00 discount.

　　　每公吨折扣 10 美元。

2. 折扣的计算方法

折扣通常是以成交金额或发票金额为基础计算的，计算公式如下：

单位货物折扣额 = 原价(或含折扣价) × 折扣率

卖方实际净收入 = 原价(或含折扣价) − 折扣额

任务二　出口商品价格核算

一、价格构成

1. 实际进货成本

实际进货成本是指出口企业或外贸单位为出口其产品进行生产或加工或采购所实际支付的生产成本或加工成本或采购成本。如果为生产或加工或采购该出口产品而支付的进货价格中包含出口退税收入，则还要从该进货价格中扣除退税收入。实际进货成本计算公式为：

$$实际进货成本 = 进货价(含增值税) - 出口退税收入$$

$$= 进货价(含增值税) \times \left(1 - \frac{出口退税率}{1+17\%}\right)$$

2. 费用

费用的核算比较复杂，主要包含国内费用和国外费用两部分。

(1) 国内费用的计算。

国内费用 = 国内运费 + 订舱费 + 港杂费 + 报关费 + 报检费 + 财务费用 + 经营管理费

① 国内运费是指货物从仓库到码头、车站、空港、集装箱货运站、集装箱堆场等地的运费。

② 订舱费是指因为货运代理为货主订舱而发生的费用。订舱费的收费标准因船务公司、货代和货柜标准的不同而不同。一般情况下，20 英尺的货柜为 100～300 元不等，40 英尺的货柜为 200～400 元不等。

③ 港杂费是指货物在港口码头发生的费用，不同码头的收费项目和内容各有不同。一般包括港口安保费、铅封费、信息费、单证费/文件费、场地装箱费、码头操作费等。其中，港口安保费、铅封费、信息费一般每个集装箱均在 50 元以内；单证费/文件费一般一笔业务 200 元以内；20 英尺集装箱的装箱费为 150～700 元不等，40 英尺集装箱的装箱费为 400～1200 元不等；20 英尺集装箱的码头操作费为 450～500 元不等，40 英尺集装箱的码头操作费为 700～800 元不等。

④ 报关报检费是指由代理报关公司为货主代理报关和报检时收取的费用。一般按照一笔业务一次性收取，每笔业务收取 100～400 元不等。

⑤ 财务费用是指企业为筹集生产经营所需资金等而发生的费用，包括利息支出、汇兑损失以及相关的手续费等。其中利息支出所占比重最大，周转期越长的业务，其利息支出越多，反之则越少。

⑥ 经营管理费又称业务定额费，包括邮电通信费、交通差旅费、招待客户费用等。

(2) 国外费用的计算。

$$国外费用 = 国外运费 + 国外保险费 + 佣金$$

① 国外运费是指货物从装运港到目的港之间的运输费用，计算公式为：

$$国外运费 = 基本运费 + 附加运费$$

② 国外保险费是指货物因投保国际运输保险而缴纳的保险费，计算公式为：

$$国外保险费 = CIF \times (1 + 投保加成率) \times 保险费率$$

3. 出口关税

出口关税是指海关以出境货物为课税对象所征收的关税。征收出口关税的目的是限制、调控某些商品的过度、无序出口，特别防止一些重要自然资源和原材料的无序出口。为鼓励出口，世界各国一般不征收出口关税，或仅对少数商品征收出口关税。我国出口关税主要以货物的价格作为计税标准。计算公式为：

$$出口关税 = 出口货物完税价格 \times 出口关税税率$$
$$= \frac{FOB\ 价}{1 + 出口关税税率} \times 出口关税税率$$

4. 利润

利润指的是卖方的预期利润，是指以成交价为基础的一定百分比算出的卖方利益。计算公式为：

$$预期利润 = 报价 \times 预期利润率$$

根据以上价格构成介绍，可知 FOB、CFR 和 CIF 价格的构成分别是：

$$FOB\ 报价 = 实际进货成本 + 国内费用 + 出口关税 + 预期利润$$

$$CFR\ 报价 = 实际进货成本 + 国内费用 + 出口关税 + 国外运费 + 预期利润$$

$$CIF\ 报价 = 实际进货成本 + 国内费用 + 出口关税 + 国外运费 + 国外保险费 + 预期利润$$

课堂小思考：
　　请根据 FOB、CFR 和 CIF 之间的换算步骤和方法，对 FCA、CPT 和 CIP 进行换算，并列出公式。

二、FOB、CFR 和 CIF 之间的价格换算

$$CIF = CFR + 国外保险费(I) = FOB + 国外运费(F) + 国外保险费(I)$$

$$CIF\ 价 = \frac{FOB\ 价 + F}{1 - (1 + 投保加成率) \times 保险费率}$$

$$= \frac{CFR\ 价}{1 - (1 + 投保加成率) \times 保险费率}$$

$$CFR\ 价 = CIF\ 价 \times [1 - (1 + 投保加成率) \times 保险费率]$$

$$FOB\ 价 = CIF \times [1 - (1 + 投保加成率) \times 保险费率] - F$$

不同交易条款下的
价格换算

课堂讨论：
　　我国某公司从宁波出口货物 1000 公吨，原报出口价格为每公吨 1000 美元 CIF San Francisco，现客户要求改报 FOB 宁波价。已知该种货物每公吨出口运费为 150 美元，原报 CIF 价中，投保险别为一切险，保险费率为 1%，按 CIF 价的 110% 投保。求应报的 FOB 宁波价。

任务三　货物价格条款确定

一、出口盈亏核算

外贸企业在完成出口任务的同时，应加强对出口商品的成本核算，这是衡量外贸企业

经营管理水平的一个重要指标。出口成本的核算工作涉及三个数据，即出口总成本、出口外汇净收入和出口人民币净收入，根据这三个数据可以计算出出口盈亏率和出口换汇成本。

1. 出口总成本

出口总成本是指外贸企业为出口企业支付的国内总成本，其中包括进货成本和国内费用。如需缴纳出口税的商品，则出口总成本中还应包括出口税。出口总成本的计算公式为：

$$出口总成本 = 出口商品进货价 + 国内费用 - 出口退税$$

2. 出口外汇净收入和出口人民币净收入

出口外汇净收入是指出口外汇总收入扣除劳务费用如运费、保险费、佣金等非贸易外汇后的外汇收入，即以 FOB 价格成交所得的外汇收入。如按 CFR、CIF 价格成交，则扣除国外运费和保险费等劳务费用支出后，即为外汇净收入。按含佣价成交的，还要扣除佣金。

出口人民币净收入是指出口外汇净收入按当时外汇牌价折算的人民币总额。

3. 出口盈亏率

出口盈亏率是指出口盈亏额与出口总成本的比率。出口盈亏额是指出口销售人民币净收入与出口总成本的差额，前者大于后者为盈利，反之为亏损。出口盈亏率的计算公式为：

$$出口盈亏率 = \frac{出口销售人民币净收入 - 出口总成本}{出口总成本} \times 100\%$$

> 📖 **课堂讨论：**
>
> 出口某商品 1 200 000 件，出口总价为 USD65000 FOB Shanghai。商品进货价为 468 000 元人民币(含增值税 17%)，国内费用为进货价的 6%，出口退税率为 9%，当时银行汇价美元买入价为 6.9513 元人民币。求该笔业务出口盈亏率。

4. 出口换汇成本

出口换汇成本是指出口商品净收入一个单位的外汇所需的人民币成本。在我国，一般是指出口商品每净收入一美元所耗费的人民币成本，即用多少元人民币换回一美元。出口商品换汇成本如高于银行的外汇牌价，则出口为亏损；反之，则说明出口盈利。出口换汇成本的计算公式为：

$$出口换汇成本 = \frac{出口总成本(人民币)}{出口销售外汇净收入(美元)}$$

> 📖 **课堂讨论：**
>
> 出口某商品 1000 件，每件 17.3 美元 CIF London，其中运费 2160 美元，保险费 112 美元。进价每件 117 元人民币(含增值税 17%)，国内费用为进货价的 10%，出口退税率为 9%。当时银行美元买入价为 6.8436。求该笔业务的出口换汇成本。

二、合同作价方法

(一) 作价原则

出口商品作价的总原则是：根据国际市场价格水平，结合国别政策和购销意图确定适当的价格。国际市场价格是以国际价值为基础，在市场竞争中形成并为交易双方所接受的价格，它反映了国际市场的供求关系，如商品交易所、主要出口国和大型货物集散地的价格等。对没有国际市场价格可参考的商品可参考邻近地区或类似商品的价格，如果都没有，可根据国际市场的需求情况，先确定一个试销价而后再进行调整。独一无二的商品、高科技产品或紧俏商品等可高于市场价格水平。确定商品的价格应综合考虑各方面的因素，如商品的质量和档次、交易条件、运输距离、成交数量、季节性需求的变化、支付条件和汇率变化的风险以及交货期的远近、市场销售习惯和消费者的爱好等。

(二) 作价方法

在进出口贸易中，作价的方法有多种，如何作价由买卖双方具体商定。通常可采用的作价方法有下列几种。

1. 固定价格

固定价格即买卖双方明确约定成交价格，履约时按该价格结算货款。这是我国进出口贸易中最常见的作价方法，也是国际上常用的方法。

范例：US $300 per M/T CIF New York.

　　　每公吨 300 美元 CIF 纽约。

2. 非固定价格

非固定价格即在合同中不具体规定价格，业务上也称"活价"，主要适用于交货期比较长(1 年或 2 年)的交易。

范例：Unit Price: Subject to lead's closing price of LME on the third day after the B/L date plus 2%.

　　　单价：以提单日后第 3 天伦敦金属交易所铅的收盘价上浮 2%为准。

　　　Unit Price: HKD50.00 per piece CIF Hong Kong. (Remarks: This price is provisional, which shall be determined through negotiation between the buyer and the seller 15 days before the month of shipment.)

　　　单价：每件 50 港元 CIF 香港。(备注：此价格为暂定价，于装运月份 15 天前由买卖双方另行协商确定价格。)

三、合同中的价格条款

(一) 价格条款的内容

合同中完整的价格条款应包含单价(Unit Price)、金额(Amount)和总值(Total Value)。如果一个合同中成交一种以上的商品时，每种商品需要分别计算金额(即单价×数量)，所有商品的金额合计就是合同的总值。合同的总值必须分别以大小写表示。总值除阿拉伯数字填写外，一般还用文字表示。

范例：Unit Price：at EUR5.00 per carton FOB Tianjin

Total Value：EUR14700.00 (Say EURO Fourteen Thousand Seven Hundred Only)

　　单价：每箱 5 欧元 FOB 天津。

　　总值：14 700 欧元。

Unit Price：at GBP45.00 per piece CIF Singapore including 2% commission.

Total Value：GBP44100.00 (Say Pounds Sterling Forty-four Thousand One Hundred Only)

　　单价：每件 45 英镑 CIF 新加坡包括 2%佣金。

　　总值：44 100 英镑。

(二) 订立价格条款应注意的事项

(1) 合同金额大小写必须相符，英文金额小写、大写须完整规范；

(2) 争取选择有利的计价货币，以免遭受币值变动带来的风险。如采用不利的计价货币时，应当加订外汇保值条款；

(3) 如交货数量约定了机动幅度，应规定数量和金额同时增减；

(4) 灵活运用各种不同的作价方法，以避免价格变动的风险；

(5) 参照进出口贸易的习惯做法，注意佣金和折扣的合理运用。

课堂讨论：

判断下列我方出口单价的写法是否正确：

(1) 3.5 yuan/yard CIFC2% HONG KONG；

(2) ￡500/carton CFR Britain net；

(3) USD1000 per ton FOB London；

(4) 每打 100 欧元 CFR 净价含 2%佣金；

(5) 1000 美元 CIF 上海减 1%折扣。

❖ 案例启迪 9-1

2020 年 10 月，中国某纺织品出口总公司按 CIF 价格条件和信用证付款的方式向中东某地区某商人出售一批服装。该公司制作好各种单据寄往开户行，但寄出的结算单据遭开户行拒付，其理由是：在商业发票上所列价格条件仅标明目的港名称，而其前面却漏打"CIF"字样，没有标明具体的成交条件。经与议付行洽商并由议付行向开证行交涉，说明提单上注明"运费已付"，又有保险单证明已投保货运险，就整套单据而言，很明显是符合 CIF 价格条件的，但开证行仍然坚决拒付，并将不符点通知开证人。开证人则趁机以市况不佳为由，要求减价 15%才接受单据。几经交涉之后，开证行通知议付行称："买方只能按 90%付款赎单。"议付行就此与出口公司联系后，先按 90%收汇，未收部分则继续与开证行交涉，但由于买方态度坚决，最终也未获得成功，使该出口公司蒙受了很大的经济损失。试对此案例进行评析。

❖ **案例启迪 9-2**

我国某粮油进出口公司向法国某进口公司就出口一批大米进行询盘，法商报价为每公吨 400 欧元 CIF 马赛，而我公司对该商品内部掌握价为每公吨人民币 2978 元 FOB 大连。当时中国银行外汇牌价为每 100 欧元的买入价为人民币 938.12 元，卖出价为人民币 942.35 元。我公司备有现货，只要不低于公司内部掌握价即可销售。现该商品自中国某口岸至马赛港的运费为每公吨人民币 598 元，保险费为每公吨人民币 102 元。你认为我公司能否接受此报价？为什么？

教学做一体化训练

项目 10　商定进出口合同的收付条款

1. 知识目标

(1) 了解进出口货款的结算工具；

(2) 掌握汇票的内容和使用程序；

(3) 理解支票、本票的性质和内容；

(4) 了解国际货款的结算方式；

(5) 掌握汇付和托收的种类、流程；

(6) 掌握信用证结算的性质和流程。

2. 技能目标

(1) 能缮制汇票；

(2) 能选择适当的结算方式；

(3) 能订立合同的支付条款。

【 任 务 引 入 】

浙江长征纺织品进出口公司已经和客户 Canadian Sunny Garment Import Company 确定了商品运输、保险事项，接下来双方要洽谈的是关于货款结算的问题。进出口贸易货款的结算主要包括结算工具和结算方式的选择，双方需要首先确定货款的结算工具。由于双方是第一次接触，洽谈的是第一次业务，彼此对对方的资信都不太了解，因此双方对货款的结算方式选择都很谨慎。

任务：请为该笔货款选择合适的结算工具和结算方式。

【 任 务 分 析 】

进出口贸易货款的收付，包括现金结算和非现金结算。进出口货款以非现金的方式结算时，涉及收付依据、收付方式和收付时间的问题。其中收付依据包括金融票据和商业票据，主要的收付方式有汇付、托收和信用证。凭以结算进出口货款的金融票据又称为收付工具，主要包括汇票、本票和支票。金融票据以外的所有单据统称为商业单据。

本次商定任务中，进出口双方需要考虑的问题是：是否需要利用收付工具来收付货款？如果需要，如何利用收付工具顺利收付货款，同时又能保证自身在货款收付过程中的主动权？

贸易故事

任务一　选择结算工具

进出口货款的收付中常常用到金融票据。票据有广义和狭义概念之分。广义的票据包括各种有价证券和商业凭证，如股票、股息单、国库券、发票、提单、保险单等。狭义的票据则是指以支付金钱为目的的特种证券，这些证券可以定义为由出票人约定自己或委托付款人在见票时或于指定的日期向收款人或持票人无条件支付一定金额并可流通转让的有价证券。进出口贸易中一般指的是狭义的票据，也可称为结算工具，即汇票、本票和支票。

一、汇票

(一) 认识汇票

1. 汇票的含义

各国广泛引用或参照的《英国票据法》规定，汇票(Bill of Exchange, Draft)是一个人向另一个人签发的，要求受票人见票时或在将来的固定时间或可以确定的时间，对某人或其指定人或持票人支付一定金额的无条件的书面支付命令。

汇票

2. 汇票的当事人

(1) 出票人(Drawer)，指签发汇票要求另一个人支付一定金额的人，在进出口业务中通常是出口商或其指定的银行。

(2) 受票人(Drawee)，又称付款人(Payer)，即接受命名并将付款的人，在进出口业务中通常是进口商或其指定的银行。在信用证付款方式下，一般为开证行或其指定的银行。

(3) 受款人(Payee)，即受领汇票所规定金额的人，在进出口业务中通常是出口商或其指定的银行。

3. 汇票的种类

(1) 按出票人不同，可分为商业汇票和银行汇票

商业汇票(Commercial Draft)是指出票人是工商企业或个人，付款人是其他工商企业、个人或银行的汇票。

银行汇票(Banker's Draft)是指出票人和付款人都是银行的汇票。

(2) 按是否附有包括运输单据在内的商业单据，可分为光票和跟单汇票。

光票(Clean Draft)是指不附带商业单据的汇票，银行汇票多是光票。

跟单汇票(Documentary Draft)是指需要附带提单、商业发票、装箱单等商业单据才能进行付款的汇票，商业汇票一般都是跟单汇票。

(3) 按付款日期不同，可分为即期汇票和远期汇票。

即期汇票(Sight Draft)又称见票即付汇票，是指付款人见票时立即付的汇票。

远期汇票(Time Draft, Usance Draft)，是指付款人在将来一个可以确定的日期或在一个

指定的日期付款的汇票。

在实际业务中，远期汇票付款时间的表示方法主要有以下四种：

① 见票后若干天付款：At ×××　days after sight；

② 出票后若干天付款：At ×××　days after date of draft；

③ 提单签发日后若干天付款：At ×××　days after date of B/L；

④ 某一特定日期付款：Fixed Date。

课堂小思考：
　　如我国付款人收到的汇票期限为 At 60 days after sight，见票时间为 2020 年 5 月 11 日(周一)，汇票的到期日为哪一天？如果见票时间为 2020 年 3 月 5 日呢？

4. 汇票的基本内容

汇票的内容一般称为汇票的要项。按照各国票据法的规定，汇票的要项必须齐全，否则，受票人有权拒付。如表 10-1 所示，根据我国《票据法》的有关规定，汇票一般应包括下列基本内容：

(1) 应载明"汇票"字样；

(2) 适当的文字标明无条件的支付命令；

(3) 一定的货币和金额(包括大小写金额)；

(4) 付款期限和地点；

(5) 受票人；

(6) 受款人；

(7) 出票日期和地点；

(8) 出票人签字。

表 10-1　商业汇票样单

BILL OF EXCHANGE			
凭 Drawn Under		不可撤销信用证 Irrevocable　　L/C No.	
日期 Date	支取 Payable With interest @ 　% 按 　息 付款		
号码 No.	汇票金额 Exchange for	南京 Nanjing	
见票 at	日 后 (本 汇 票 之 副 本 未 付) 付 交 sight of this FIRST of Exchange (Second of Exchange		
Being　unpaid) Pay to the order of			
金额 the sum of			
此致 To			

汇票通常签发一式两份(银行汇票只签发一份)，一份写明"第一份汇票"(First of Exchange)，另一份则写明"第二份汇票"(Second of Exchange)。两份汇票具有同等法律效力，但银行只对其中一份承兑或付款。为防止重复承兑和付款，票上注明"付一不付二，付二不付一"(Second or First Unpaid)。

(二) 运用汇票

在进出口贸易业务中，汇票的使用步骤见图 10-1。

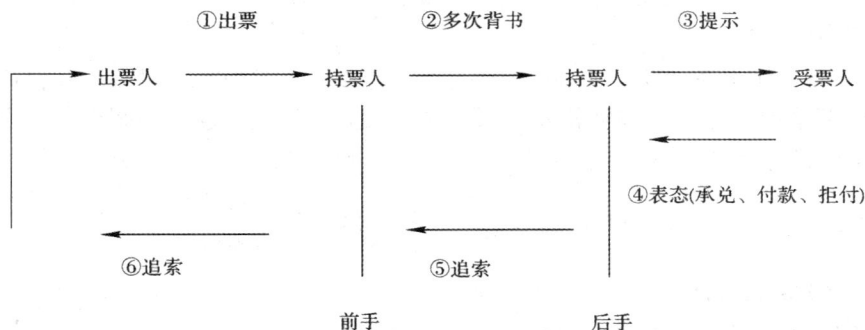

图 10-1　运用汇票的基本步骤

1. 出票(Draw，Issue)

出票人在汇票上填写相关项目，经签字后交给受款人的行为。在出票时，对受票人通常有三种写法：

(1) 限制性抬头。如 Pay×××Co. only，这种汇票不能流通转让，只能由抬头人收取票款。

(2) 指示性抬头。如 Pay×××Co. or order 或 Pay to the order of×××Co.，这种汇票只有经过×××Co.背书后可进行转让。

(3) 持票人或来人抬头。如 Pay bearer，这种汇票无需背书，仅凭交付汇票即可转让。

2. 提示(Presentation)

持票人将汇票提交付款人要求承兑或付款的行为。付款人看到汇票的行为即为见票。提示分为两种：

(1) 提示承兑，即持远期汇票要求付款人承诺到期付款的提示。

(2) 提示付款，即持即期汇票或到期的远期汇票要求付款人付款的提示。

3. 承兑(Acceptance)

承兑即付款人对远期汇票表示承诺到期付款的行为。其手续是由付款人在汇票正面写明"承兑"字样并签字，同时注明承兑日期，然后交给持票人。付款人一旦承兑，即成为承兑人，承兑人负有在远期汇票到期时付款的责任。如：

ACCEPTED

July 25, 2020

Due to

For ABC Bank, Hong Kong

(Signature)

4. 付款(Payment)

即期汇票在持票人提示汇票时，付款人即应付款。远期汇票则在经过承诺后，在到期时由付款人付款。

5. 背书(Endorsement)

背书就是转让汇票权利的一种法定手续，即由持票人在汇票背面签上自己的名字，或再加上受让人的名字，然后将汇票转让给受让人的行为。

6. 贴现(Discount)

汇票持票人如想在远期汇票到期前先行取得票款，可以经过背书将汇票转让给银行或贴现公司，银行或贴现公司按照汇票的票面金额扣除从转让日起到汇票付款日为止的贴现利息后，将余款付给持票人，这种行为称为贴现。贴现利息的计算公式为：

$$贴现利息 = 汇票金额 \times 贴现天数 \times \frac{年利息率}{360\ 天}$$

7. 拒付(Dishonor)

拒付即持票人进行付款或承兑提示时，付款人拒绝付款或承兑。除了拒绝承兑和拒绝付款外，付款人拒不见票、死亡或宣布破产从而使付款事实上不可能时，也称为拒付。

8. 追索(Recourse)

出现拒付时，持票人有追索权。即有权向其前手(背书人、出票人)要求偿付汇票金额、利息和其他费用的权利。

课堂讨论：

2020 年 2 月 20 日，Smith 开立了一张金额为 USD100000.00 以 Brown 为付款人，出票后 90 天付款的汇票，因为他出售了价格为 USD100000.00 的货物给 Brown。3 月 2 日，Smith 又从 Jack 那里买进价值相同的货物，所以，他就把这张汇票交给了 Jack。Jack 持该票于同年 3 月 6 日向 Brown 提示，Brown 次日见票承兑。3 月 10 日，Jack 持该票向 A 银行贴现，当时的贴现率为 10%P.A.(按 360 天计算)。请按上述给定条件完成以下事项：

(1) 开立一张汇票，并在正反两方面表示其流转过程；
(2) 计算到期日、贴现天数和实得金额。

二、本票

(一) 认识本票

1. 本票的含义

根据《英国票据法》的规定，本票(Promissory Note)是一个人向另一个人签发的，保证在见票时或定期或可以确定的将来的时间，对某人或其指定人或持票人支付一定金额的无条件的书面承诺。

课堂小思考：
本票有几个基本当事人？

2. 本票的内容

各国票据法对本票内容的规定各不相同。按我国《票据法》的规定，本票必须记载下列事项，样式如图 10-2 所示。

(1) 表明"本票"的字样；

(2) 无条件支付的承诺；

(3) 确定的金额；

(4) 收款人的名称；

(5) 出票日期；

(6) 出票人签章。

Promissory Note

London，9,31. 2020   Amount US$980000.00

On 25 Dec. 2020 **we promise to pay against this promissory**

The sum of US Dollars Nine hundred and eighty thousand only

To the order of ABC Export Company Ltd

For value Received

Payable at: **For and on behalf of**

ABC Export Banking Company   Import Buyer Company

Yanan Street   London

Shanghai，China

　　　　　　　　　　　　　　　　　　　　　Managing Director

图 10-2　本票样单

(二) 运用本票

按照出票人的不同，本票可分为商业本票与银行本票两种。由工商企业或个人签发的本票称为商业本票(General Promissory Note)。由银行签发的本票称为银行本票(Banker's Promissory Note)。我国《票据法》目前仅仅规范银行本票，我国尚未正式使用商业本票。银行签发的见票即付不记名本票，可以代替现金流通。银行本票适用于同一票据交换区域内个人各种款项的结算，可用于转账。填明"现金"字样的银行本票也可用于支取现金，但不能背书转让。银行本票的提示付款期限为自出票日起 2 个月。

三、支票

(一) 认识支票

1. 支票的含义

根据《英国票据法》的规定，支票(Check)是以银行为付款人的即期汇票，即存款人签发给银行的无条件支付一定金额的委托或命令。

2. 支票的内容

各国票据法对支票的内容都有具体规定，我国《票据法》规定，支票必须记载下列事项：

(1) 标明"支票"的字样；
(2) 无条件支付的委托；
(3) 确定的金额；
(4) 付款人名称；
(5) 出票日期；
(6) 出票人签章。

三步识别支票的
有效性

课堂小思考：
　　为什么不能签发"空头支票"？

(二) 运用支票

　　支票可以从不同的角度分类。按照我国《票据法》的规定，支票可分为现金支票、转账支票和普通支票。现金支票只能用于支取现金；转账支票只能用于通过银行或其他金融机构转账结算；普通支票既可以支取现金又可以转账，用于转账时应在支票正面左上角画两道平行线注明，目前在我国尚未使用普通支票。但是在其他许多国家，支取现金或者转账通常可由持票人或收款人自主选择，但一经画线就只能通过银行转账，而不能直接支取现金。

　　各国票据法均规定，支票可由付款银行加"保付"(Certified to Pay)字样并签字而成为保付支票。付款银行保付后就必须付款。支票经保付后身价提高，有利于流通。

支票、本票、
汇票区别图解

课堂讨论：
　　请从票据性质、当事人、付款期限、承兑手续和票据责任等方面讨论汇票、本票和支票有哪些区别？

任务二　选择结算方式

一、汇付

(一) 汇付的含义

　　汇付(Remittance)又称汇款，是付款人委托银行采用各种结算工具，将款项汇交收款人的结算方式。在汇付方式下，资金的流向与支付工具的传递方向相同，属于顺汇(Favorable Remittance)方法。卖方能否按时收回约定的款项，完全取决于买方的信用，因此，汇付的性质为商业信用。

汇付

(二) 汇付的当事人

(1) 汇款人(Remitter)，即付款人或债务人，通常是进口商。
(2) 收款人(Beneficiary)，即债权人，通常是出口商。

(3) 汇出行(Remitting Bank)，即接受汇款人的委托汇出款项的银行，通常是出口地的银行。

(4) 汇入行(Paying Bank)，即受汇出行的委托解付汇款的银行，又称解付行，通常是进口地的银行。

汇款人在委托汇出行办理汇款时，要出具汇款申请书。汇款申请书是汇款人与汇出行之间的契约。汇出行有义务按照汇款申请书的指示，用信汇、电汇或票汇方式通知汇入行。汇出行与汇入行之间事先订有代理合同，在代理合同规定的范围内，汇入行对汇出行承担解付汇款的义务。

(三) 汇付方式操作

1. 电汇(Telegraphic Transfer，简称 T/T)

电汇指汇出行应汇款人的委托和申请，拍发加密电报、电传或 SWIFT 给其在国外的分行或代理行(汇入行)，指示其解付一定金额给收款人的一种汇款方式。交货前电汇付款成为前 T/T，交货后电汇付款称为后 T/T。如交货时电汇付款，即进口商收到提单传真件后电汇付款，一般也称为前 T/T。

电汇的方式快捷、简便，虽然银行手续费相对较高，但由于适应电子化的高速发展，因此在进出口货款的收付中被广泛使用。

电汇方式的基本程序如图 10-3 所示。

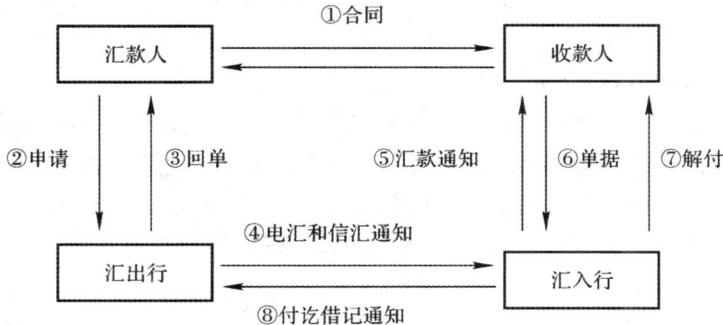

图 10-3　电汇、信汇方式收付流程

2. 信汇(Mail Transfer，简称 M/T)

信汇是汇出行应汇款人的委托和申请，用邮寄信汇委托书或支付委托书的方式，授权汇入行解付一定金额给收款人的一种汇款方式。

信汇的手续费虽然比电汇低，但速度较慢，目前较少使用，如美国、加拿大等地区已不接受信汇汇款业务。信汇方式与电汇方式相似，信汇方式的基本程序如图 10-3 所示。

3. 票汇(Demand Draft，D/D)

票汇是指汇出行应汇款人的申请，开立以汇出行的海外分行或代理行为付款人的银行即期汇票，列明收款人全称、金额等，交由汇款人自行寄交收款人，凭票向付款行取款的一种汇付方式。

票汇的收付程序如图 10-4 所示。

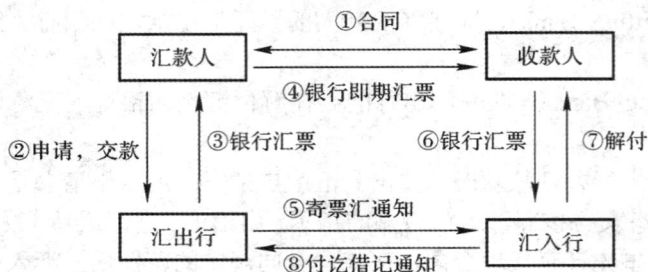

图 10-4　票汇方式收付操作流程

课堂讨论：
　　票汇与电汇、信汇的区别有哪些？

(四) 汇付在进出口贸易中的应用

汇付方式通常应用于预付货款、随订单付现、现付、赊销和从属费用的结算(如运费、保险费、佣金、退款和赔款、包装费)以及货款尾数、分期付款、支付订金等业务中。

1. 预付货款(Payment in Advance)

预付货款方式对出口商来说，是预收货款，风险小并可以利用对方资金，所以对出口商最为有利。但对进口商来说，预付货款不但积压了资金，而且要承担出口企业可能不按合同规定交货的风险。

2. 货到付款(Cash on Delivery)

采用货到付款方式，对进口商极为有利；而对于出口商来说，不仅要占压资金，还要承担货物已发出而货款不能收回或不能按时收回的风险。此种付款方式对出口商风险较大。进口商在收到货物一定时期以后再付款称之为"赊销"(Sell-on Credit)或"记账赊销"(Open Account，O/A)。货到付款常用于记账交易、寄售等贸易方式中。

二、托收

(一) 托收的含义

托收(Collection)是指债权人(一般为出口商)开具汇票，委托当地银行通过它在进口地的分行或代理行向债务人(一般为进口商)收取货款的一种支付方式。在托收业务中，作为支付工具的票据传送与资金的流通呈相反方向，属于逆汇方法。

托收

(二) 托收的当事人

(1) 委托人(Principal)就是债权人，是委托银行办理托收业务的人，通常是出口商。
(2) 托收行(Remitting Bank)，是受委托人委托办理托收的银行，通常是出口地银行。
(3) 代收行(Collecting Bank)，是接受托收行的委托向付款人收取票款的银行，通常是进口地银行。

(4) 付款人(Payer)，是汇票中指定的付款人，也就是代收银行向之提示汇票和单据的债务人，通常是进口商。

除了这四个基本当事人，托收业务中还可能遇到提示行和"需要时的代理"。

提示行(Presenting Bank)是指向付款人提示汇票和单据要求付款的银行，通常由代收行兼任。若代收行与付款人之间没有直接往来，它就要委托一家与付款人有往来账户的银行作为提示行。

"需要时的代理"(Principal's Representative in Case of Need)，是委托人在付款人所在地指定的代理人，负责在付款人拒付货款时，代委托人办理货物的存仓、保险、转售、运回等事宜，以最大限度地减少委托人的损失。

(三) 托收的具体操作

根据托收单据的不同，托收可分为光票托收与跟单托收两种。

1. 光票托收

光票托收(Clean Collection)是指出口商仅凭汇票而不附带货运单据，委托出口地银行代其向进口商收款的一种结算方式。它在进出口贸易中使用不多，主要用收取货款尾数、样品费、佣金及其他贸易从属费用。

2. 跟单托收

跟单托收(Documentary Collection)是进出口贸易中常见的一种支付方式，它是指出口商开立汇票，连同代表货物所有权的全套货运单据一起交给出口地银行，委托其通过进口地银行向进口商收取货款的一种结算方式。按交单条件的不同，跟单托收可进一步分为付款交单和承兑交单。

(1) 付款交单。

付款交单(Documents Against Payment，简称 D/P)是指出口商的交单以进口商的付款为条件，即出口商将汇票连同货运单据交给银行托收时，指示银行只有在进口商付清货款时，才能交出货运单据。按付款时间的不同，付款交单又分为即期付款交单和远期付款交单。

① 即期付款交单(D/P at sight)是指银行提示即期汇票和单据，进口商见票时应立即付款，并在付清货款后取得单据。即期付款交单的流程如图 10-5 所示。

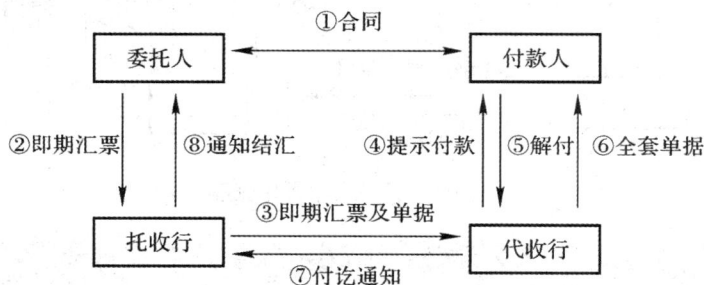

图 10-5　即期付款交单的流程

② 远期付款交单(D/P after sight)是指银行提示远期汇票和单据，进口商审核无误后在汇票上进行承兑，于汇票到期日付清货款后再领取全套货运单据。远期付款交单的流程如图 10-6 所示。

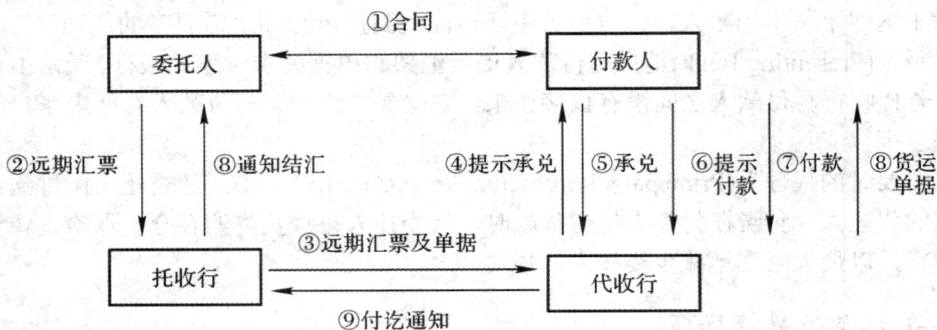

图 10-6　远期付款交单的流程

❖ **案例启迪 10-1**

上海 A 公司与美国 B 公司以 CIF 贸易术语、D/P AT 45 DAYS AFTER SIGHT 签订了一份买卖合同。美国 B 公司要求指定纽约 D 银行为代收行，我方同意了对方的要求。A 公司按合同规定准时装运货物，并通过上海 C 银行为托收行办理托收业务。货到美国后由于汇票还没有到期，B 公司出具 T/R(信托收据)把全套单据从代收行借出并顺利提货。待汇票期满提示 B 公司付款时，B 公司已经宣布破产，导致 A 公司货款没能收回。在此案例中，D 银行是否应承担责任？为什么？我方在办理托收环节是否存在过失？

(2) 承兑交单。

承兑交单(Documents against Acceptance，简称 D/A)是指出口商的交单以进口商在汇票上承兑为条件，即出口商在装运货物后开具远期汇票，连同商业单据，通过银行向进口商提示，进口商承兑汇票后，代收银行即将商业单据交给进口商，在汇票到期时，方履行付款义务。承兑交单的流程如图 10-7 所示。

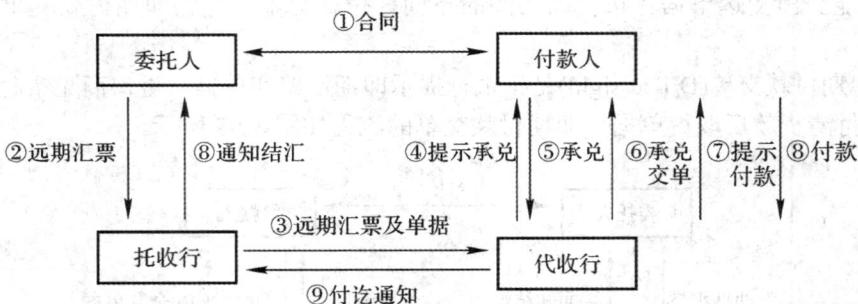

图 10-7　承兑交单操作流程

课堂小思考：

对于出口商而言，即期付款交单、远期付款交单和承兑交单哪种结算方式风险最大？

(四) 托收的风险及其防范

托收的结算方式手续较简单，银行费用较低。托收的性质为商业信用。银行办理托收业务时，只是按委托人的指示办事，不过问单据的真伪，也不承担要求付款人必须付款的责任。托收项下出口商向进口商提供信用和资金融通，可以达到吸引商户、调动其经营积极性、扩大出口、提高产品竞争力的目的。可见，托收有利于进口商而不利于出口商，出口商在决定用托收方式成交时，一定要做好风险的防范。

(1) 调查和考虑进口商的资信情况和经营作风，应妥善掌握成交金额，不宜超过其信用程度。国外代收行一般不能由进口商指定，如确有必要也必须征得托收行的同意。

(2) 了解进口国家的贸易管制和外汇管制条例，如进口国是否允许资金汇出，买方是否需将本国货币兑换成外币支付，买方是否要等待外汇的分配等，以免货到目的地后，由于不准进口或延迟收汇或收不到外汇而造成损失。对贸易管制和外汇管制较严的国家和地区不宜使用托收。

(3) 了解进口国家的商业惯例，以免由于当地习惯做法影响安全迅速收汇。如拉美国家银行按当地法律和习惯，把远期付款交单的托收改为按承兑交单处理，容易引起纠纷从而增加收汇风险。有些欧洲国家不做远期 D/P。北欧和拉美许多国家习惯把"单到"付款或承兑视为"货到"付款或承兑，从而拖后付款时间，对我国不利。对此必须做出明确规定。

(4) 出口合同应争取用 CIF 或 CIP 条件成交，由出口商办理货运保险或投保出口信用险。如不采取 CIF 或 CIP 条件时，应投保卖方利益险(Contingency Insurance Clause Covers Seller's Interest Only)。

(5) 出口商选择以托收方式结算时，海运提单的抬头不应做成记名式的，应做成空白抬头。另外，应尽量避免采用承兑交单方式，如果是采用承兑交单结算时，由于进口商提货在先，付款在后，因此出口商必须严格按照合同交货，否则可能会遭到进口商拒付或提出降价或赔偿的要求。

> 📖 **课堂讨论:**
> 请分别以进口商和出口商的身份对托收进行利弊分析。

三、信用证

(一) 信用证的含义

信用证(Letter of Credit，Credit，简称 L/C)是由进口方的开证银行，根据开证申请人的请求或开证行以自身的名义向受益人开立的在一定金额和一定期限内凭规定的单据承诺付款的书面文件。所以，信用证是一种由银行按照客户要求和指示所开立的有条件的书面付款承诺。

信用证的特点

(二) 信用证的特点和性质

1. 开证行负有第一性的付款责任

信用证结算方式是以银行信用为基础的，开证行以自己的信用做出付款保证，开证行是首先付款人。但这种付款的实现是有条件的，受益人必须满足信用证所规定的要求，并提交符合信用证条款的单据，向开证行凭单取款。

2. 信用证是一项自足文件

虽然信用证的开立是以买卖合同为基础的，买卖双方要受买卖合同的约束，但是信用证一经开出，在信用证业务处理过程中，各方当事人的责任与权利都必须以信用证为准，信用证是一项与买卖合同分离的独立文件。

3. 信用证是一项单据业务

在信用证方式下，银行凭相符单据付款，而非凭与单据有关的货物、服务及/或其他行为。受益人要保证收款，就一定要提供与信用证条款相符的单据，开证行要拒付，也必须以单据上的不符点为由。因此，信用证结算方式是一项"纯单据买卖业务"。

(三) 信用证的关系人

信用证结算方式的基本关系人有四个：即开证申请人、开证行、通知行和受益人。此外还有其他关系人，如保兑行、议付行、付款行或偿付行、转证行等。现就它们之间的相互关系及其权利分述如下。

1. 开证申请人

开证申请人(Applicant)又称开证人(Opener)，是指向银行申请开立信用证的人，一般是进口商或中间商。进口商和出口商之间的权利义务通常以签订的合同为依据，双方严格履行合同条款。如合同规定以信用证方式结算时，则进口商应在合同规定的期限内，通过进口方银行开出符合合同条款规定的信用证。信用证开立之后，进口商有凭单付款的义务和验单退单的权利。开证行履行付款之后，进口商应及时将货款偿付给开证行，赎取单据。但对于不符合信用证条款的单据，有权拒绝赎单。

2. 开证行

开证行(Issuing Bank)是接受开证申请人的委托，代表申请人开立信用证的银行。开证行接受进口商的开证申请书之后，这个申请书就成为他们之间履行权利和义务的契约。进口商申请开证时，应根据开证行的规定，交纳保证金和费用。开证行则应根据申请书的条款，正确、完善、及时地开出信用证。信用证开出后，开证行就要对信用证负责。

3. 受益人

受益人(Beneficiary)是信用证上指明有权使用该证的人，一般是出口商，有时则为实际供货人。出口商收到信用证后，应及时与合同核对。如发现信用证条款与合同不符，须尽早提出修改要求或拒绝接受。信用证一旦接受，出口商就有装货备单的义务和凭单议付的权利。出口商应在信用证规定的装船期限内装运货物，并在信用证的有效期内交单取款。出口商不但要对单据的正确性负责，并且要对货物的合格性负责。出口商交单后，如开证行倒闭或无理拒付，出口商仍有权向进口商提出付款要求，进口商仍须负责付款。

4. 通知行

通知行(Advising Bank)是开证行的代理人。通知行收到开证行发来的信用证后，经认真核对印押后，必须根据开证行的要求缮制通知书，及时、正确地通知受益人，并证明信用证的表面真实性。

从一般的交易情况来看，上述四方当事人是几乎所有信用证都必须涉及的。此外，应受益人等要求，还可能出现其他当事人。

5. 保兑行

如果受益人对开证行的资信不明或者有疑义，认为受证后有收款风险，可以要求开证行另找一家受益人满意的银行为该信用证加具保兑。在信用证上加具保兑的银行称为保兑行(Confirming Bank)。保兑行通常是出口地的通知行或第三家信誉卓著的银行。保兑行与开证行一样承担第一性付款责任。保兑银行在信用证上保兑后，即对信用证负责，承担必须付款或议付的责任。汇票、单据一经保兑行议付或付款，即便开证行倒闭或无理拒付，保兑行亦无权向出口商或他的前手追索票款。

6. 议付行

议付行(Negotiating bank)凭信用证议付票款后，即把单据寄出，并向开证行、保兑行、付款行或偿付行索回垫款。开证行收到议付行寄来的单据后，如发现单据不符合信用证条款，可以拒绝付款，议付行可以据以向出口商追索票款，除非出口商按信用证的特殊规定，如开立对出票人"无追权"(Without Recourse to Drawer)的汇票，才可免除被追索。

7. 付款行和偿付行

付款行(Paying Bank)是信用证规定的汇票付款人。信用证以进口地货币开出时，付款行就是开证行。开证行审单无误后，付款给议付行，一经付款，就无权向议付行追索票款。

偿付行(Reimbursing Bank)是指议付行付款后，可以向指定的第三者银行收回款项。但一般如议付行就是付款行时，则偿付行也可凭议付行的索汇证明书，代开证行偿付货款。偿付后，它的责任即告终止，不存在追索问题。开证行收到单据后，如发现不符点，必须向议付行追回已付款项，不能向偿付行追索，因偿付行不负责审单。

(四) 信用证的基本运作程序

由于信用证的种类不同，信用证条款的规定各异，其业务环节和手续也不尽相同；但是从信用证方式支付的一般运作程序来看，主要经过以下环节(如图 10-8 所示)。

(1) 进出口双方在进、出口合同中规定采用信用证方式收付货款。开证申请人向当地银行提出开证申请，按照合同的各项规定填写开证申请书，并交纳押金或提供其他担保，要求开证行向受益人开出信用证。

(2) 开证行根据开证申请书的内容，向受益人开出信用证，寄交给出口人所在地的通知行，由其转递或通知受益人。

(3) 通知行核对印鉴无误后，将信用证转递或通知受益人。

(4) 受益人审核信用证与合同相符后，按信用证规定装运货物。受益人发货后，备妥信用证规定的各项货运单据，开出汇票，在信用证有效期限内，送当地议付行议付。

(5) 议付行按信用证条款审核单据无误后，按照汇票金额扣除利息或手续费，将货款垫付给受益人。

(6) 议付行将汇票和货运单据寄开证行(或其指定的付款行)索偿。

(7) 开证行(或其指定的付款行)审核单据无误后，付款给议付行。

(8) 开证行通知开证申请人付款赎单。

(9) 开证行付清货款并取得货运单据，凭此向承运人提货。

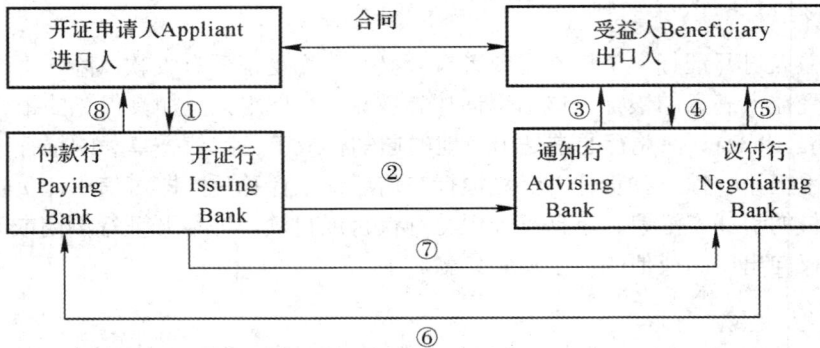

图 10-8　信用证支付的一般程序

📖 **课堂讨论：**

　　开证行审核单据的同时一般要通知进口商付款赎单，为什么开证行通常先把全套单据的复印件交给开证申请人审核，而不是直接交全套单据给开证申请人审核？既然信用证是由开证行保证付款，为什么开证行还要让开证申请人审单？受益人提交的单据只要存在不符点，开证行就必须拒付吗？

(五) 信用证的种类

1. 根据货运单据分类

根据信用证项下的汇票是否附有货运单据，信用证可分为跟单信用证和光票信用证。

(1) 跟单信用证。跟单信用证(Documentary L/C)是指开证行凭跟单汇票或单纯凭单据付款的信用证。这里的"单据"主要是指代表货物或证明货物已交运的运输单据，如提单、铁路运单、航空运单等。通常还包括发票、保险单等商业单据。进出口贸易中一般使用跟单信用证。

(2) 光票信用证。光票信用证(Clean L/C)是指开证行仅凭不附单据的汇票付款的信用证或要求汇票附有非货运单据，发票、货物清单等的信用证。

2. 根据保兑分类

根据有无另一家银行对之加以保兑，不可撤销信用证又可分为保兑的和不保兑的信用证。

(1) 保兑信用证。保兑信用证(Confirmed L/C)是指开证行开出信用证并委托另一家银行对符合信用证条款规定的单据履行付款义务的信用证。保兑行一经在信用证上加保兑，就和开证行一样承担第一性的付款责任，即付款后对其前手或受益人无追索权。

保兑行对信用证加具保兑的具体做法是：

① 开证行在给通知行的信用证通知书中授权另一家银行(通知行)在信用证上加保。如：

( )　without adding your confirmation

(×)　adding your confirmation

( )　adding your confirmation, if requested by the Beneficiary

② 通知行用加批注等方法，表明保证兑付或保证对符合信用证条款规定的单据履行付款并签字。例如：This credit is confirmed by us. We hereby added out confirmation to this credit.

> **课堂讨论：**
> 　　如果你是保兑行，收到寄单行提交的单据后，你会如何处理？保兑行的风险是什么？

(2) 不保兑信用证。不保兑信用证(Unconfirmed L/C)是指开证行开出的、未经另一家银行保兑的信用证。即便开证行要求另一家银行加保，如果该银行不愿意在信用证上加具保兑，则被通知的信用证仍然只是一份未加保的不可撤销信用证。通知行在给受益人的信用证通知中一般会写上：This is merely an advice of credit issued by the above mentioned bank which conveys no engagement on the part of this bank.(这是上述银行所开信用证的通知，我行只通知而不加保证。不保兑信用证的特点是：只有开证行一重确定的付款责任。

3. 根据付款时间分类

根据付款时间的不同，信用证可分为即期信用证和远期信用证

(1) 即期信用证。即期信用证(Sight L/C)是指开证行或开证行指定的付款行收到符合信用证条款的跟单汇票或转运单据后，立即履行付款义务的信用证。付款行付款后无追索权。在即期信用证中，为了加速收汇时间，有时还加列电汇索偿条款(T/T Reimbursement Clause)。如：

(×)　by payment at sight

( )　by deferred payment at:

( )　by acceptance of drafts at:

( )　by negotiation

(2) 远期信用证。远期信用证(Usance L/C)是指开证行或付款行收到信用证项下的单据后，不立即付款，而是在规定的期限内履行付款义务的信用证。远期信用证又分为承兑信用证(Acceptance L/C)、延期付款信用证(Deferred Payment L/C)、假远期信用证(Usance L/C Payable at Sight)。

4. 议付信用证

议付信用证(Negotiation L/C)是指开证行允许受益人向某一指定银行或任何银行交单议付的信用证。信用证议付的具体操作方法是，受益人开具汇票，连同单据一起向信用证允许的银行进行议付，议付银行则在审单后扣除垫付资金的利息，将余款付给受益人。然

后议付行将汇票与单据按信用证规定的方法交与开证行索偿。议付行是票据的买入者和后手，如果因单据有问题，遭开证行拒付，其有权向受益人追索票款。这是议付行与付款行的本质区别。按信用证议付的范围不同，议付信用证又可分为限制议付信用证和自由议付信用证两种情况。

(1) 限制议付信用证(Restricted L/C)。这是开证行指定某一银行或开证行自己进行议付的信用证。在限制议付信用证中有具体的议付行名称，如：

Credit available with Bank of China，Shanghai

(　　) 　by payment at sight

(　　) 　by deferred payment at:

(　　) 　by acceptance of drafts at:

(×) 　by negotiation against the documents detailed herein:

(×) 　and Beneficiary's drafts drawn at sight on The Bank of Tokyo Ltd., Tokyo, Japan.

(2) 自由议付信用证(Freely L/C)。这是开证行对愿意办理议付的任何银行作公开议付邀请和普遍付款承诺的信用证，即指任何银行均可按信用证条款自由议付的信用证。如，

Credit available with Any Bank in China

(　　) 　by payment at sight

(　　) 　by deferred payment at:

(　　) 　by acceptance of drafts at:

(×) 　by negotiation against the documents detailed herein:

(×) 　and Beneficiary's drafts drawn at sight by any bank

课堂小思考：
如果你是出口商，你希望选择什么样的付款期限和兑用方式的信用证来结算货款？对于卖方来说，延期付款信用证、承兑信用证和自由议付信用证哪一种更有利？为什么？

5. 根据权利转让分类

根据受益人对信用证的权利可否转让，信用证可分为可转让信用证和不可转让信用证

(1) 可转让信用证。可转让信用证(Transferable L/C)是指信用证的受益人(第一受益人)可以要求信用证中授权付款、承担延期付款责任、承兑或议付的转让银行，或当信用证是自由议付时，可以要求信用证中特别授权的转让银行，将该信用证全部或部分转让给一个或数个受益人(第二受益人)使用的信用证。

可转让信用证的定义包含了如下几层意思：

① 可转让信用证适用于中间贸易。可转让信用证适用于以卖方作为中间商人，向买方成交的交易，卖方再去寻找供货人将已成交的货物发给买方，这里，卖方是第一受益人，供货人是第二受益人。

② 只有被明确注明"可转让"(Transferable)字样的信用证才可以被转让。

③ 只能转让一次。但是第二受益人将信用证转回第一受益人不在禁止之列。

④ 信用证的受益人有权要求转让。

⑤ 办理转让的银行是信用证指定的转让行。第一受益人必须通过转让行办理信用证转让业务，不能由第一受益人自行转让信用证给第二受益人。

⑥ 转让的金额可以是部分的，也可以是全部的。

⑦ 转让的对象可以是一个或几个。可转让信用证能否分割转让给几个第二受益人，应视信用证是否允许分批装运。若允许分批装运，便可以分割转让给数个第二受益人，且每个第二受益人仍然可以办理分批装运。

⑧ 除少数条款，信用证只能按照原证规定的条款转让。

⑨ 根据《UCP600》规定，即使信用证未表明可转让，并不影响受益人根据现行法律规定，将信用证项下应得的款项让渡给他人的权利。但仅是款项的让渡，而不是信用证项下执行权力的让渡。

> 📖 **课堂讨论：**
> 　　为什么信用证在转让时，信用证的金额可以减少，单价可以降低，装运期、交单期、到期日可以提前，投保加成可以增加？

(2) 不可转让信用证。不可转让信用证是指受益人不能将信用证的权利转让给他人的信用证。凡信用证中未注明"可转让"字样的，就是不可转让信用证。

6. 对背信用证

对背信用证(Back to Back L/C)是指受益人要求原证的通知行或其他银行以原证为基础，另开出一张内容相似的信用证给第三者，这另开的新证称为对背信用证，又称转开信用证。其中的原始信用证又称为主要信用证，而对背信用证是第二信用证。对背信用证的开证行只能根据不可撤销信用证来开立。对背信用证的开立通常是中间商转售他人货物，或两国不能直接办理进出口贸易时，通过第三者以此种办法来沟通贸易。原信用证的金额(单价)应高于对背信用证的金额(单价)，对背信用证的装运期应早于原信用证的规定。对背信用证主要用于中间商的贸易活动。

中间商与
对背信用证

> 📖 **课堂讨论：**
> 　　为什么说可转让信用证第二受益人的风险比对背信用证新证的受益人的风险大？

7. 对开信用证

对开信用证(Reciprocal L/C)是指两张信用证的开证申请人互以对方为受益人而开立的、金额大致相等的信用证。对开信用证中，第一份信用证的开证申请人就是第二份信用证的受益人；反之，第二份信用证的开证申请人就是第一份信用证的受益人。第二份信用证也被称作回头证。第一份信用证的通知行一般就是第二份信用证的开证行。对开信用证广泛用于易货贸易、来料加工贸易、补偿贸易等。

加工贸易与
对开信用证

8. 预支信用证

预支信用证(Anticipatory L/C)是指开证行授权代付行(通常是通知行)向受益人预付信

用证金额的全部或一部分，由开证行保证偿还并负担利息。预支信用证与远期信用证相反，是由开证申请人付款在先，受益人交单在后。预支信用证主要用于出口商组货而资金紧张的情况，所以这种信用证的预支是凭受益人光票和按时发货交单的保证进行的，有些信用证则规定受益人要提交货物仓单作抵押。预支信用证的分类：① 根据预付金额，分为全部预支和部分预支信用证；② 根据预付货款的条件，分为红条款信用证和绿条款信用证。

9. 循环信用证

循环信用证(Revolving L/C)是指信用证被受益人全部或部分使用后，其金额又重新恢复到原金额，可再次使用，直至达到规定次数或累积总金额为止的信用证。这种信用证适用于分批均衡供应，分批结汇的长期合同，以使进口方减少开证的手续、费用和押金，使出口方既得到收取全部交易货款的保障，又减少了逐笔通知和审批的手续和费用。

循环信用证的循环方式可分为按时间循环和按金额循环。

循环信用证的循环条件有三种：

(1) 自动循环。即不需开证银行的通知，信用证即可按所规定的方式恢复使用。

(2) 半自动循环。在使用后，开证行未在规定期限内提出停止循环的通知即可恢复使用。

(3) 非自动循环。在每期使用后，必须等待开证行通知，才能恢复使用。

《UCP600》中文版

10. 备用信用证

备用信用证(Standby L/C)又称商业票据信用证、担保信用证或保证信用证，是指开证行应开证申请人的要求，对受益人开立的承诺承担某项义务的凭证。即开证行保证在开证申请人未能履行其应履行的义务时，受益人只要凭备用信用证的规定向开证行开具汇票，并随附开证申请人未履行义务的声明或证明文件即可得到开证行偿付。备用信用证只适用《跟单信用证统一惯例》(600 号)的部分条款。

11. SWIFT 信用证

SWIFT 又称："环球同业银行金融电讯协会"，是国际银行同业间的国际合作组织，成立于一九七三年，目前全球大多数国家大多数银行已使用 SWIFT 系统。SWIFT 的使用，使银行的结算提供了安全、可靠、快捷、标准化、自动化的通信业务，从而大大提高了银行的结算速度。由于 SWIFT 的格式具有标准化，目前信用证的格式主要都是用 SWIFT 电文，因此有必要对 SWIFT 进行了解。SWIFT 信用证如表 10-2 所示。

表 10-2　SWIFT 开立信用证 MT700 格式

序号	Tag	Field Name	Content/Options
1	27	Sequence of Total	页次
2	40A	Form of Documentary Credit	跟单信用证类型
3	20	Documentary Credit Number	信用证号码
4	23	Reference to Pre-Advice	预通知的编号
5	31C	Date of Issue	开证日期

续表

序号	Tag	Field Name	Content/Options
6	31D	Date and Place of Expiry	到期日及地点
7	51a	Applicant Bank	申请人的银行
8	50	Applicant	开证申请人名称和地址
9	59	Beneficiary	受益人名称和地址
10	32B	Currency Code, Amount	币种和金额
11	39A	Percentage Credit Amount Tolerance	信用证金额加减百分比
12	39B	Maximum Credit Amount	最高信用证金额
13	39C	Additional Amounts Covered	可附加金额
14	41a	Available with … by …	信用证的使用范围及类型
15	42C	Drafts at …	汇票期限
16	42a	Drawee	付款人
17	42M	Mixed Payment Details	混合付款指示
18	42P	Deferred Payment Details	延期付款指示
19	43P	Partial Shipments	分批装运
20	43T	Transshipment	转运
21	44A	Loading on Board/Dispatch/Taking in Charge at/form	装船、发运或接受监管的地点
22	44B	For Transportation to …	最终目的地
23	44C	Latest Date of Shipment	最迟装运日
24	44D	Shipment Period	装运期
25	44E	Port of Loading/Airport of Departure	装货港或装货机场
26	44F	Port of Descharge/Airport of Destination	目的港或到达机场
27	45A	Description of Goods and /or Services	货物描述及/或交易条件
28	46A	Documents Required	应提交的单据
29	47A	Additional Conditions	附加条件
30	71B	Charges	费用
31	48	Period for Presentation	提示期
32	49	Confirmation Instructions	保兑指示
33	53a	Reimbursement Bank	清算银行
34	78	Instruction to the Paying/Accepting/Negotiating Bank	对付款/承兑/议付银行的指示
35	57a	Advise Through Bank	收讯银行以外的通知银行
36	72	Sender to Receiver Information	银行间的通知

(六) 信用证的内容

各国银行所开立的信用证内容，因信用证种类的不同而有所区别。但主要内容基本一

致,一般包括下列各项:

(1) 对信用证本身的说明。包括开证行名称、信用证号码、开证日期、有效期(受益人交单的最晚时间)和到期地点(有效期到期的地点)、开证申请人、受益人、金额、兑用方式(议付、承兑和付款)、交单期限等。

(2) 对汇票的要求。如使用汇票,包括汇票付款人、汇票金额、汇票期限等。

(3) 对成交货物的说明。包括货物的名称、规格、数量、单价、包装、唛头等。

(4) 对运输事项的说明。包括装运港(地)、目的港(地)、装运期限、可否分批装运与可否转运、运输方式等。

(5) 对货运单据的说明。包括所需的各种单据的名称、内容和份数等,通常要求交的单据包括商业发票、装箱单、运输单据、保险单、产地证及其他单据。

(6) 其他事项。开证行对议付行的指示条款,包括对寄单行的寄单指示,如收单行(通常是开证行)的名称及地址;开证行保证付款的文句;遵守《跟单信用证统一惯例》的文句;其他特殊条款,一般根据不同的业务需要做出不同的规定。

信用证的内容范例如下。

范例:

ISSUE OF A DOCUMENTARY CREDIT

Application header　0 700　1536　040405　SAIBJPJTCxxx　20040405　26932

* ASAHI BANK LTD.,

* TOKYO

User Header: SERVICE CODE 103

BANK PRIORITY 113

MSG USER REF 108　　　　　　　　　　　　INFO.FROM

Sequence of Total　　　　27: 1/1

Form of Doc.Credit　　　40A: IRREVOCABLE

Doc.Credit Number　　　20: ABLD　AN1075

Date of Issue　　　　　　31C: 20040405

Expiry　　　　　　　　　31D: Date:20200615　Place:CHINA

Applicant　　　　　　　50: ITOCHU CORPORATION OSAKA, JAPAN

Beneficiary　　　　　　59: SHANGHAI ABC TEXTILES IMPORT AND EXPORT CORPORATION 123 ZHONGSHAN ROAD E.1.SHANGHAI P.R.OF CHINA

Amount　　　　　　　32: Currency:USD　Amount:9,665.00

Available with/by　　　41: BANK OF COMMUNICATION, SHANGHAI CHINA
　　　　　　　　　　　　　　　　BY NEGOTIATION

Drafts at　　　　　　　42C: 60 DAYS AFTER SIGHT FOR FULL INVOICE VALUE

Drawee　　　　　　　41D: ASAHI BANK LTD. ,TOKYO

Partial Shipments　　　43P: PROHIBITED

Transshipment　　　　43T: PROHIBITED

Loading in Charge　　　44A: SHIPMENT FROM CHINESE PORT(S)

For Transport to   44B: TO OSAKA, JAPAN
Latest Date of Ship.   44C: 20200531
Descript.of Goods   45A: 100% COTTON APRON

Art.No.	Quantity	Unit Price
4031 (01425)	3,250 pieces	USD 1.20
5052 (01426)	2,700 pieces	USD 1.30
5210 (01427)	2,050 pieces	USD 1.10

PRICE TERM: CIF OSAKA

Documents required 46A:

• SIGNED COMMERCIAL INVOICE IN TRIPLICATE INDICATING "WE HEAEBY CERTIFY THAT THE GOODS HEREIN INVOICED CONFIRM WITH S/C NO. AHW-1356, REV ORDER NO.23051"

• FULL SET OF CLEAN ON BOARD OCEAN BILL OF LADING MADE OUT TO ORDER OF SHIPPPER AND BLANK ENDORSED AND MARKED "FREIGHT PREPAID TO OSAKA" NOTIFYING APPLICANT (WITH FULL NAME AND ADDRESS) AND INDICATING FREIGHT CHARGES.

• INSURANCE POLICY OR CERTIFICATE IN DUPLICATE ENDORSED IN BLANK FOR 120 PCT OF THE INVOICE VALUE INCLUDING THE INSTITUTE CARGO CLAUSES (A), THE INSTITUTE WAR CLAUSES. INSURACE CLAIMS TO BE PAYABLE IN JAPAN THE CURRENCY OF THE DRAFTS INDICATING INSURANCE CHARGES.

• PACKING LIST IN 3 FOLDS.

• CERTIFICATE OF ORIGIN.

Additional Cond.   47A:

+ T.T.REIMBURSEMENT PROHIBITED

+ THE GOODS TO BE PACKED IN EXPORT CARTONS

+ SHIPPING MARK: SUNARA/WSC 4320A/OSAKA/NO.1-UP

Details of Charges 71B: ALL BANK CHARGES OUTSIDE JAPAN AND INCLUDING REIMBURSEMENT COMMISSIONS ARE FOR ACCOUNT OF BENEFICIARY

Presentation Period 48: DOCUMENTS TO BE PRESENTED WITHIN 15 DAYS AFTER THE DATE OF SHIPMENT BUT WITHIN THE VALIDETY OF THE CREDIT

Confirmation 49: WITHOUT

Instructions 78: THE NEGOTIATION BANK MUST FORWARD THE DRAFTS AND ALL DOCUMENTS BY REGISTERED AIRMAIL DIRECT TO US (INT'L OPERATIONS CENTER MAIL ADDRESS: C. P.O.BOX NO.800 TODYO 100-99 JAPAN) IN TWO CONSECTIVE LOTS, UPON RECEIPT OF THE DRAFTS AND DOCUMENTS IN ORDER, WE WILL REMIT THE PROCEEDS AS INSTRUCTED BY THE NEGOTIATING BANK

❖ 案例启迪 10-2

2020 年 8 月 5 日，中国某进出口公司与欧洲某公司以电传方式达成出口小家电协议。

根据协议，卖方发出了已经签署的"售货确认书"，其主要内容为：数量3万套，单价30美元，总价90万美元，价格条件是CIF，并明确要求买方在9月5日以前，向卖方开出百分之百的、保兑的、不可撤销的、可分割的即期付款信用证。8月20日，卖方收到了经过买方签字的确认书，但买方将确认书中的CIF条件改成托盘运输条款。9月2日，卖方收到了经过买方开出的信用证，金额与确认书相符，但信用证种类与价格条款等却与确认书原有规定存在重大差异。其一，信用证并非保兑；其二，确认书原定的CIF价格条款变成了托盘运输条款。据此，卖方于9月下旬电告买方拒收上述信用证，并将信用证退给了开证银行。此后，双方未能就确认书条款与信用证条款的差异达成一致，导致此合同不能履行，双方因此发生争议。试问：买方修改了确认书而卖方未及时答复，合同是否成立？信用证是否有效？

任务三　结算方式的选用

一、各种结算方式的结合使用

一笔交易的顺利完成，在某种程度上也取决于结算方式的合理选用。通常情况下只能选择一种结算方式，但各种方式都有利弊。一般情况下，商业信用对于买方的有利度大于对于卖方的有利度，而银行信用对于卖方的有利度大于买方的有利度。为加速资金周转，避开贸易风险，结算方式的结合使用已成为一种趋势。在进出口贸易结算中，增强结算方式的灵活性和安全性，将有助于企业提高市场竞争能力。

(一) 信用证与汇付结合

信用证与汇付结合是指一部分货款用L/C支付，另一部分通过T/T支付。一种做法为买方在合同签订后先以T/T方式支付20%~30%的货款作为预付款，余款由L/C支付，卖方在收到预付款和信用证后开始备货，保证了收汇的安全性；另一种做法是，货款的70%~80%由L/C支付，余款待货到目的地若干天内由买方通过T/T方式支付给卖方，这样即使买方未在约定期限内以T/T方式支付余款，对卖方造成的损失也不是很大。

(二) 信用证与托收结合

信用证与托收结合是一种将银行信用与商业信用相融的结算方式。在一笔交易中，可采取部分信用证和部分跟单托收或光票托收的支付方式。对于出口商来说，部分采用信用证方式，因为有银行保证，可有条件地降低应收款的风险。至于托收部分的金额，在信用证应规定银行必须在托收金额偿付后才能交付全套单据，才能保证收到全部货款。

(三) 汇付、托收、信用证三者结合使用

在大型成套设备、大型机械产品，如船舶、飞机等金额大、生产周期长的产品的买卖合同中，一般采取按工程进度和交货进度分若干期付清货款，即分期付款和延期付款的方式。买卖双方可以签订分期付款合同。双方在合同中规定，在产品投产前，买方可采用汇

付方式，先交部分货款作为订金。其余货款按交货进度分期支付，买方开立不可撤销信用证，即期付款。最后一笔货款一般是在交货或卖方承担质量担保期满时付清，同时货物所有权转移。

买卖双方也可签订延期付款合同。买卖双方在签订合同后，买方一般要预付一小部分货款作为订金，大部分货款在交货后若干期分期支付，即采用远期信用证或承兑交单方式支付。

二、选择进出口结算方式应考虑的因素

在实际业务中，除了考虑基本进出口结算方式自身特点外，选择具体的结算支付方式还应考虑以下几种因素。

(一) 客户信用

客户的资信对货款的收付起着关键性的作用。出口商在选择结算方式前应对客户的资信作详细调查，这是选择结算方式成败的关键。如果客户的信用等级一般或是贸易双方是首次进行交易，出口商应尽量选择风险较小的结算方式，如信用证；如果客户的信用等级较高，可以选用手续简单、费用较少的方式，如托收；如果客户的信用等级非常高，可以选用 D/A 甚至是直接 T/T 方式。另外，客户的信用资信是一个动态的概念，需要进行连续跟踪和及时评价，以便随时调整结算方式。

(二) 经营意图

经营意图也与结算方式的选择有直接关系。如果是畅销货品，卖方就有很大的余地选择对自身有利的结算方式，如要求用 L/C 进行结算，甚至要求买方预付货款。如果是滞销货品，则所选择的结算方式可能会有利于进口商，如 D/A，甚至可以货到付款。

(三) 贸易术语

不同的贸易术语对于买卖双方的责任规定以及风险分担有所不同，因此也应根据贸易术语的不同来选择合适的结算方式。对于象征性交货组中的 CIF 和 CFR，可以选用托收和 L/C 的方式；而对于 EXW 和实际交货的 D 组术语，一般就不会采取托收的形式进行结算；对于 FOB 和 FCA 等术语，由于运输的事宜是由买方安排的，出口商很难控制货物，所以在一般情况下也不会选择托收的方式。另外，合同金额如果不大，也就经常会考虑和选择速度较快、费用低廉的 T/T 方式了。

(四) 运输单据

运输单据种类的不同也是导致不同结算方式的重要原因。进出口结算中所涉及的运输单据，有些属于物权凭证，有些则是非物权凭证，不同性质的运输单据对于结算方式的选择也有一定程度的影响。对于海运提单、联合运输单据等代表物权凭证的单据，控制提单就等于控制货物所有权，交单就等于交货，在进出口业务中则有利于单据交易，所以对于卖方则可选择信用证方式甚至 D/P 托收方式收取货款。但在空运、公路、铁路运输、邮寄

等运输单据项下，以及以记名抬头的海运单这些非物权凭证的运输单据下，则不利于单据交易，特别是 D/P 托收方式下，由于没有银行信用作付款保证，更有钱货两空的极大风险。

此外，在选择结算方式时，还应考虑进口国国家或地区的商业习惯、商品竞争情况、交易数额大小、结算货币等因素，以减少风险。

❖ **案例启迪 10-3**

2020 年 3 月，宁波某食品进出口公司对外推销某种罐头食品，由于质优价廉，口味独特，该种罐头食品在新加坡市场的销售情况日趋看好，逐渐成为抢手货。8 月，新加坡某进口商贸公司来电要求订购大批商品，宁波公司希望对方以信用证方式付款，但对方坚持用汇付方式支付。此时，在宁波公司内部就货款结算方式问题产生不同的意见，一些业务员认为汇付的风险较大，不宜采用，主张使用信用证方式；但有些人认为汇付方式可行；还有一部分业务员认为托收方式可行。如果你是宁波公司的业务员，应如何选择恰当的结算方式？并说明理由。

教学做一体化训练

项目 11　商定进出口合同的争议预防条款

【学习目标】

1. 知识目标

(1) 了解进出口商品检验的作用；

(2) 掌握检验机构、形式和程序；

(3) 理解不可抗力与仲裁的含义；

(4) 掌握争议预防条款的意义。

2. 技能目标

(1) 能订立检验条款；

(2) 能界定不可抗力事件范围；

(3) 能正确选择仲裁地点与机构。

【任务引入】

浙江长征纺织品进出口公司与加拿大国际贸易公司已经就成交商品(女士真丝衬衫)的品质、数量、包装、价格、运输、保险、支付条款达成一致，现王新准备和其客户磋商合同中的争议预防条款的相关事项，订立合同的商检条款、不可抗力条款和仲裁条款。

【任务分析】

在进出口贸易活动中，进出口双方为了避免在合同履行过程中出现争议，以及出现争议后能够顺利解决，都会在合同中规定争议的预防与处理条款。主要内容就是商品检验条款、索赔条款以及不可抗力与仲裁条款的商定。这项工作的意义就在于未雨绸缪，使合同最终能够顺利履行。

贸易故事

任务一　商品检验条款

一、买方检验权

商品检验是检验检疫机构对进出口商品的质量、数量(重量)和包装等进行检验或鉴定，以确定其是否符合贸易合同的规定；或在进出口商品发生残损、短缺时进行检验与鉴定，以确定其原因和责任归属，并出具商品检验证明，作为双方交接货物、银行结算和处理索赔的必要依据；或作为进出口通关的有效凭证以及征收和减免关税的有效依据。

根据各国的法律、国际惯例以及国际公约规定，除双方另有约定外，当卖方履行交货义务后，买方有权对所收到的货物进行检验，如发现货物不符合合同规定，而且确属卖方责任，买方有权要求卖方损害赔偿或采取其他补救措施，甚至可以拒收货物。这就是买方检验权。

> **课堂小思考：**
> 买方未经检验便接收了货物，事后发现货物有严重质量问题，可否再行使拒收权利？

买方检验权是一种法定的检验权，它服从于合同的约定，买卖双方通常是在合同中对如何行使检验权的问题做出规定。但是，需要注意的是，买方对货物进行检验并不是强制的，买方对货物的检验权也不是接收货物的前提条件。买方对收到的货物可以进行检验，也可以不进行检验，假如买方没有利用合理的机会对货物进行检验，就是放弃了检验权，他也就丧失了拒收货物的权利。另外，如果合同中明确规定以卖方检验为准，也可以排除买方对货物的检验权。

❖ 案例启迪 11-1

我国 A 公司与美国 B 公司以 CIF 纽约条件出口一批农产品。订约后，我 A 公司已知该批货物要转销加拿大。该货物到纽约后，立即转运加拿大。货到加拿大后，B 公司获知货物检验不合格，遂即凭加拿大商检机构签发的在加拿大检验的证书，向我方提出索赔。问：我方 A 公司应不应该接受此索赔？

二、检验时间与地点

尽管在业务活动中都承认买方在接受货物前有权检验货物，但是，国际上对于何时何地检验并无统一规定。根据国际惯例，商品检验时间和地点，一般有以下几种做法：

(一) 在出口国检验

1. 在产地检验

货物离开生产地点(如工厂、产地)之前，由卖方或其委托的检验机构人员或买方的验收人员对货物进行检验或验收。在货物离开产地之前的责任，由卖方承担。

> **课堂讨论：**
> 我某公司从国外进口一批货物，检验条款规定，由装运港检验局出具的有关证书证明的品质和数量是最后依据。货到目的港后，我国海关检验发现部分货物霉变，且交货数量与合同不符。该公司经当地检验机构出具检验证书向卖方提出索赔。但卖方以检验条款的规定为由拒赔。请问卖方是否有权拒赔？

2. 在装运港/地检验

在装运港/地检验以离岸质量、重量(或数量)(Shipping Quality，Weight or Quantity as Final)为准。货物在装运港/地装运前，由双方约定的检验机构对货物进行检验，该机构出具的检验证书作为决定交货质量、重量或数量的最后依据。按此做法，货物运抵目的港/地后，买方如对货物进行检验，即使发现质量、重量或数量有问题，但也无权向卖方提出异议和索赔。

(二) 在进口国检验

1. 在目的港/地检验

在目的港/地检验以到岸质量、重量(数量)(Landing Quality, Weight or Quantity as Final)为准。在货物运抵目的港/地卸货后的一定时间内，由双方约定的目的港/地的检验机构进行检验，该机构出具的检验证书作为决定交货质量、重量或数量的最后依据。如果检验证书证明货物与合同规定不符并确属卖方责任，卖方应予负责。

2. 在买方营业处所或最终用户所在地检验

对一些需要安装调试进行检验的成套设备、机电产品以及在卸货口岸开件检验后难以恢复原包装的商品，双方可约定将检验时间和地点延伸和推迟至货物运抵买方营业所或最终用户所在地后的一定时间内进行，并以该约定的检验机构所出具的检验证书作为交货质量、重量或数量的依据。

3. 出口国检验、进口国复验

装运港/地的检验机构进行检验后，出具的检验证书作为卖方收取货款的依据，货物运抵目的港/地后由双方约定的检验机构复验，并出具证明。如发现货物不符合合同规定，并证明这种不符合情况属卖方责任，买方有权在规定的时间内凭复验证书向卖方提出异议和索赔。这一做法对买卖双方来说，比较公平合理，它既承认卖方所提供的检验证书是有效的文件，作为双方交接货物和结算货款的依据之一，又给予买方复验权。因此，我国进出口业务中一般都采用这一做法。

三、检验机构

在进出口货物买卖中，交易双方除了自行对货物进行必要的检验外，还必须由某个机构进行检验，经检验合格后方可出境或入境。在业务中，确定检验机构时，应考虑有关国家的法律法规、商品的性质、交易条件和交易习惯。检验机构的选定还与检验时间、地点有一定的关系。一般来讲，规定在出口国检验时，应由出口国的检验机构进行检验；在进口国检验时，则由进口国的检验机构负责。但是，在某些情况下，双方也可以约定由买方派出检验人员到产地或出口地点验货，或者约定由双方派员进行联合检验。

国际上重要的
检验检疫机构

(一) 国际检验机构

国际检验机构大致可分为官方检验机构、半官方检验机构和非官方检验机构。如表11-1 所示。

表 11-1　国际检验机构

分类	主 办 方	世界范围内著名机构
官方检验机构	国家或地方政府投资，按国家有关法律、法令对出入境商品实施强制性检验、检疫和监督管理的机构	美国食品药物管理局(FDA)、日本通商产业省、德国技术检验代理机构网(TUV)、英国标准协会(BSI)
半官方检验机构	国家政府授权、代表政府行使某项商品检验或某一方面检验管理工作的民间机构	美国担保人实验室(UL)、日本谷物鉴定协会
非官方检验机构	私人创办、具有专业检验、鉴定技术能力的公证行或检验公司，也称民间检验机构	瑞士通用公证社(SGS)、日本海外货物检验株式会社(OMIC)、英国劳氏船级社(Lloy's Surveyor)、香港天祥公证行

(二) 中国检验机构

在我国，中华人民共和国国家质量监督检验检疫总局(General Administration of Quality Supervision, Inspection and Quarantine of the People's Republic of China)，简称国家质检总局(AQSIQ)，是主管全国出入境卫生检验、动植物检疫、商品检验、鉴定、认证和监督管理的行政执法机构。其设在各地的出入境检验检疫直属机构，即地方出入境检验检疫机构管理其所在地区内的出入境检验检疫工作。

根据我国《商检法》，我国商检机构在进出口商品检验方面的基本任务有三项：① 实施法定检验；② 办理检验鉴定业务；③ 对进出口商品的检验工作实施监督管理。

> **课堂小思考：**
> 是不是所有的进出口商品都要经过检验才能准予进出口？

四、检验证书

(一) 检验证书的种类

检验证书(Inspection Certificate)是商检公司对进出口商品实施检验或鉴定后出具的证明文件。常见的检验证书有品质检验证书、重量检验证书、数量检验证书、兽医检验证书、卫生检验证书、消毒检验证书、植物检疫证书、价值检验证书、产地检验证书等。

法定检验的范围

检验证书的种类

(二) 检验证书的作用

1. 买卖双方交接货物的依据

进出口货物买卖中，卖方有义务保证所提供货物的质量、数(重)量、包装等与合同规定相符。因此，合同或信用证中往往规定卖方交货时须提交商检机构出具的检验证书，以证明所交货物与合同规定相符。

2. 索赔和理赔的依据

如合同中规定在进口国检验，或规定买方有复验权，若经检验货物与合同规定不符，买方可凭指定检验机构出具的检验证书，向卖方提出异议和索赔。

3. 买卖双方结算货款的依据

在信用证支付方式下，信用证规定卖方须提交的单据中，往往包括商检证书，并对商检证书的名称、内容等做出了明确规定。当卖方向银行交单，要求付款、承兑或议付货款时，必须提交符合信用证要求的商检证书。

检验证书还可作为海关验关放行的凭证。凡属于法定检验的商品，在办理进出口清关手续时，必须提交检验机构出具的合格检验证书，海关才准予办理通关手续。

五、合同中的检验条款

合同中的检验条款主要内容一般包括检验时间和地点、检验内容、检验机构和检验费用等，商定检验条款要注意以下问题：

(1) 检验条款应订得明确具体、科学合理，切忌用笼统、模棱两可的语言，检验项目与标准要切合实际，并且能够检验。

(2) 明确规定复验权时，应对复验的期限、地点和机构做出明确的规定。

(3) 要明确规定检验标准和方法。对于一些规格复杂的商品和机械设备的进口合同，应根据商品的不同特点，在合同条款中加列一些特殊性规定，如详细的检验标准、考核及检测方法、产品所使用的材料及其质量标准、样品及技术说明书等，以便检验时对照检验。

(4) 检验条款不能与合同中的数量、品质、重量等条款矛盾。

范例：Entry-exit inspection and quarantine：

It is mutually agreed that the Certificate of Quality and Quantity(Weight)issued by the China Exit and Entry Inspection and Quarantine Bureau at the port/place of shipment shall be part of the documents to be presented for negotiation or honor under the relevant L/C. The Buyers shall have the right to re-inspect the quality and the quantity(weight)of the cargo. The re-inspection fee shall be borne by the Buyer. Should the quality and the quantity(weight)be found not in conformity with that of the contract，the Buyers are entitled to lodge with the Sellers a claim which should be supplied by survey reports issued by a recognized surveyor approved by the Sellers. The claim，if any，shall be lodged within 60 days after arrival of the cargo at the port/place of destination.

"出口国检验、进口国复验"的出口合同：

买卖双方同意以装运港(地)中国出入境检验检疫局签发的质量和数(重)量检验证书作为信用证项下议付或承付单据的一部分。买方有权对货物的质量、数(重)量进行复验。复验费用由买方承担。如发现质量或数(重)量与合同不符，买方有权向卖方索赔，但须提供经卖方同意的公证机构出具的检验报告。索赔期限为货到目的港(地)后 60 天内。

范例：It is mutually agreed that the Certificate of Quality and Quantity(Weight)issued by the manufacturer(or××　Surveyor)shall be part of the documents for payment under quality and quantity or weight shall be made in accordance with the following:

In case the quantity(weight)of the goods be found not in conformity with those stipulated in this contract after re-inspection by the China Exit and Entry Inspection and Quarantine Bureau within　××　days after arrival of the goods at the port of destination, the Buyers shall return the goods to or lodge claims against the Sellers for compensation of losses upon the strength of Inspection Certificate issued by the said Bureau, with the exception of those claims for which the insurers or the carriers are liable. All expenses(including inspection fees)and losses arising from the return of the goods or claims should be borne by the Sellers. In such case, the Buyers may, if so requested, send a sample of the goods in question to the Sellers, provided that the sampling is feasible. All claims shall be regarded as accepted if the Sellers fail to reply within 30 days after receipt of the Buyer's claim.

　　　　双方同意以制造厂或××公证行出具的质量和重量(数量)检验证书作为有关信用证项下付款的单据之一。但货物的质量和重量(数量)的检验应按下列规定办理：货到目的港 60 天内经中国出入境检验检疫局复验，如果发现质量或重量(数量)与本合同不符时，除属保险公司或船公司负责外，买方凭中国出入境检验检疫局出具的检验证明书，向卖方提出退货或索赔。所有退货或索赔引起的一切费用(包括检验费)及损失均由卖方负担。在此情况下，如抽样是可行的话，买方可应卖方要求，将有关货物的样品寄交卖方。卖方收到买方的索赔通知后，如在 30 天内不答复则视为卖方同意买方提出的一切索赔。

❖ **案例启迪 11-2**

我出口公司 A 向新加坡公司 B 以 CIF 新加坡条件出口一批土特产品，B 公司又将该批货物转卖给马来西亚公司 C。货到新加坡后，B 公司发现货物的质量有问题，但 B 公司仍将原货转销至马来西亚。其后，B 公司在合同规定的索赔期限内凭马来西亚商检机构签发的检验证书，向 A 公司提出退货要求。请问：A 公司应如何处理？为什么？

任务二　索赔条款

一、违约与争议

(一) 违约

违约(Breach of Contract)是指由于合同当事人一方或双方的过错造成不能履行或不能完全履行合同的行为。根据违约性质的不同，违约主要可分为两种：一种是买卖双方当事人中一方的故意行为导致的违约；另一种是因买卖双方当事人中的一方疏忽、过失而导致的违约。

贸易双方一旦订立合同确定买卖双方的权利、义务之后，即受到法律的保护。买卖合同是对当事人双方都具有约束力的法律文件，任何一方违约都应承担继续履行、采取补救措施或者赔偿损失等违约责任。违约方的违约行为及其应承担的法律后果要取决于有关法律对此所做的解释和所确定的法律责任。根据各国法律规定，违约的性质不同，所引起的法律后果及应承担的责任也有所不同，对于违约行为的性质划分及据此可以采取的补救办法差异也较大。

1.《公约》的规定

《公约》将违约区分为根本性违约(Fundamental Breach)和非根本性违约(Non-Fundamental Breach)两类。

所谓根本性违约是指一方当事人违反合同的结果，如使另一方当事人蒙受损失，以致实际上剥夺了他根据合同规定有权期待得到的东西，即为根本违反合同。除非违反合同的一方并不预知而且同样一个通情达理的人处于相同情况中也没有理由预知会发生这种结果，而不构成根本性违约的情况，均视为非根本性违约。从法律结果来看，《公约》规定，如果一方当事人根本性违约，另一方当事人可以宣布合同无效，并要求损害赔偿。如果是非根本性违约，则不能解除合同，而只能要求损害赔偿。

2. 英国法的规定

英国《1983 年货物买卖法》把违约分为违反要件(Breach of Condition)和违反担保(Breach of Warranty)两种。

违反要件是指当事人一方违反合同中带实质性的主要条款，如卖方交货的数量、质量不符合同的规定，或不按合同规定的期限交货等，受损方有权解除合同，并要求损害赔偿；违反担保又称违反随附条件，是指当事人一方违反合同的次要条款，受损方则只能要求损害赔偿，而不能解除合同，仍需继续履行所应承担的合同义务。

3. 美国法的规定

美国法按违约的性质和带来的结果，将违约划分为重大违约(Material Breach of Contract)和轻微违约(Minor Breach of Contract)。

重大违约是指由于债务人没有履约或履约有缺陷，致使债权人不能得到该项交易的主要利益，受损方可解除合同，同时还可要求损害赔偿。轻微违约是指债务人尽管在履约中有些缺陷，但债权人已从履约中得到了该交易的主要利益，如交付的货物品质和数量与合同略有出入等，受损方可要求损害赔偿，但不能拒绝履行合同义务或解除合同。

4. 我国的法律规定

我国的《合同法》规定，当事人一方延迟履行合同或者由于其他违约行为，严重影响了订立合同所期望的经济利益，受损害方可以直接解除合同。当事人一方延迟履行合同的主要义务，经催告在合理期限内未履行的，对方也可以解除合同。我国《合同法》还规定合同终止并不影响当事人请求损害赔偿的权利。

❖ **案例启迪 11-3**

有一份 CIF 合同，出售 1000 公吨东北大米，单价每公吨 500 美元，总值为 500 000 美元。事后卖方只交货 50 公吨，在这种情况下，买方可主张何种权利？为什么？如果卖方交货 900 公吨，买方又可主张何种权利？为什么？

❖ **案例启迪 11-4**

有一美国公司 A 向外国一贸易商 B 购买一批火鸡，供应圣诞节市场。合同规定卖方应在 9 月底以前装船。但是卖方违约合同，推迟到 10 月 7 日才装船。结果圣诞节销售时机已过，火鸡难以销售。因此，买方 A 拒收货物，并主张撤销合同。请问：在这种情况下，买方有无拒收货物和撤销合同的权利？

(二) 争议

争议(Disputes)又称异议，是指交易一方认为另一方未能全部或部分履行合同的责任而引起的纠纷。在进出口买卖中，买卖双方在合同履行过程中因种种原因发生争议的情况屡见不鲜。当事人因合同在履约过程中发生争议时，一般通过当事人双方自行协商解决，当协商不成，则可以由第三者出面调解，还可以通过诉讼或者仲裁等方式审理裁决。

1. 协商

协商(Consultation)即友好协商，是指在争议发生后，当事人双方本着友好协商的精神，在互谅互让的基础上，直接进行磋商解决争议。

2. 调解

调解(Conciliation)又称第三方调解，是指买卖双方在争议发生后，在自愿的基础上请第三方从中进行居间调解，以消除分歧解决问题。

3. 诉讼

诉讼(Litigation)是指当事人任何一方要求有管辖权的法院依据一定的法律程序，对双方的争议进行依法审理，做出公正判决。

4. 仲裁

仲裁(Arbitration)是买卖双方在争议发生之前或发生之后，签订书面协议，自愿将争议提交双方同意的第三者予以裁决，以解决争议的一种方式。

外贸企业发生争议采用何种解决方式至关重要。解决方式不同，不仅影响结果，还会导致成本费用的不同。其中诉讼耗时长、成本高、手续繁杂，企业往往最终放弃诉讼，导致坏账发生。而仲裁方式由于其灵活、保密、程序简便、费用低廉、裁决终局性等优势成为了解决进出口业务争议的常用方式。

二、索赔与理赔

索赔(Claim)是指合同中遭受损失的一方在争议发生后向违约的一方要求赔偿的行为，而理赔(Settlement of Claim)则是违约方对受损方所提出的赔偿要求进行处理。由此可见，索赔与理赔是一个问题的两个方面，即对受损方是索赔，对违约方而言则是理赔。

在进出口业务中，一般会涉及三种类型的索赔，即贸易索赔、运输索赔和保险索赔。如表 11-2 所示。

表 11-2　索赔的类型与对象

索赔类型	索赔依据	索赔情形	索赔对象
贸易索赔	进出口贸易合同	一方当事人违反合同规定时，受害方可依据合同规定和违约事实提出索赔	大多是卖方
运输索赔	进出口货物运输合同	一方当事人违反运输合同规定时，受害人可以依据运输合同规定和违约事实提出索赔	承运人
保险索赔	进出口运输保险合同	发生保险合同承保范围内的风险并由此造成损失，被保险人向保险公司索赔	保险人

三、合同中的索赔条款

索赔条款有两种规定方式，一种是异议与索赔条款；另一种是罚金条款。在一般货物买卖合同中，多数只订立异议与索赔条款。而在大宗商品和机械设备合同中，除了订明异议与索赔条款外，往往还需另订罚金条款。

(一) 异议与索赔条款

异议与索赔条款是买卖合同中关于处理和索赔违约责任的规定，其内容主要包括索赔依据、索赔期限、索赔方法等。

1. 索赔依据

索赔依据主要规定索赔必需的证据和出证机构。索赔依据包括法律依据和事实依据两个方面。前者是指贸易合同和有关的国家法律规定；后者则指违约的事实真相及其书面证明，以证实违约的真实性。如双方约定：货到目的港卸货后，若发现品质、数量或重量与合同规定不符，除应由保险公司或船公司负责外，买方还可于货到目的港卸货后若干天内凭双方约定的某商检机构出具的检验证明向卖方提出索赔。提出索赔时必须按规定提供齐全、有效的证据，否则可能遭到拒赔。

❖ 案例启迪 11-5

我 A 公司从意大利 B 公司进口机器一台，合同规定索赔期限为货到目的港后 30 天。货到目的港卸船后，因 A 公司厂房未建好，机器无法安装试机。半年后厂房完工试机发现不能正常运转。经检验部门检验证明该机器为旧货。于是，A 公司向 B 公司提出索赔，但遭到拒绝，A 公司遭受重大经济损失。试分析此案例。

2. 索赔期限

索赔期限是指索赔的一方向违约方提出索赔要求的有效期。索赔一定要在索赔的有效期内提出，逾期提出索赔是无效的。索赔期限的长短应结合不同商品的特性而定。对于食品、农产品及易腐商品，索赔的期限应规定得短一些；一般商品的索赔期限可定得长一些，通常限定为货物到目的地后 30~45 天；成套设备的索赔期限则可更长一些，按照全套设备安装、调试所需时间而定。对于质量比较稳定的商品，如机电产品，其索赔期限较长，通常规定为货物到达目的地后 60~90 天，一般不超过 180 天。在保险索赔问题上，根据中国人民保险公司的规定，索赔期从保险标的物到达最后卸货港卸离海船时算起，最长不得超过 2 年。

规定索赔期限时，应对索赔期限的起始时间做出具体规定。通常有以下几种起算办法：

(1) 货物到达目的港后××天起算；

(2) 货物到达目的港卸离海船后××天起算；

(3) 货物到达买方营业地或用户所在地后××天起算；

(4) 货物经过检验后××天起算。

❖ **案例启迪 11-6**

我某公司以 CFR 条件对德国出口一批小五金工具。合同规定货到目的港后 30 天内检验，买方有权凭检验结果提出索赔。我公司按期发货，德国客户也按期凭单支付了货款。半年后，我公司收到德国客户的索赔文件，称上述小五金工具有 70%已锈损，并附有德国某内地一个检验机构出具的检验证书。对德国客户的索赔要求，我公司应如何处理？

3. 索赔处理办法和索赔金额

关于索赔的处理办法，因为事先无法预测违约的后果，因此，合同中不做具体规定，一般只做笼统规定，如整修、换货、退货、还款等。有时与商品检验条款合订在一起，成为"检验与索赔条款"(Inspection and Claim Clause)。

范例：Any claim by the buyer regarding the goods shipped be filed within 30 days after the arrival of the goods at the ports of destination specified in the relative bill of lading and/or transport document and supported by survey report issued by a surveyor approved by the seller.

买方对于装运货物的任何异议，必须于装运货物的船只到达提单所订目的港后 30 天内提出，并须提供经卖方同意的公证机构出具的检验报告。如果货物已经过加工，买方即丧失索赔权利。属于保险公司或轮船公司责任范围内的索赔，卖方不予受理。

(二) 罚金条款

罚金条款是指合同中规定如由于一方未履约或未完全履约，应向对方支付一定数量的约定金额。金额的多少视延误时间长短而定，并规定最高罚款金额。这一条款的规定一般适用于卖方延长交货时间或买方延期接货等情况，它的特点是在合同中先约定赔偿金额或赔偿的幅度。罚金的支付，并不能解除卖方的交货义务。如卖方根本不履行交货义务，仍要承担因此而给买方造成的损失。

范例：In case of delayed delivery,the sellers shall pay to the buyers for every week of delay penalty amounting to 0.5% of the total value of the goods whose delivery has been delayed.Any fractional part of one week is to be considered a full week.The total amount of penalty shall not, however, exceed 5% of the total value of the goods involved in late delivery and is to be deducted from the amount due to the sellers by the paying bank at the time of negotiation, or by the buyers direct at the time of payment.In case the period of delay exceeds 10 weeks after the stipulated delivery date the buyers have the right to terminate this contract but the sellers shall not thereby be exempted from the payment of penalty.

　　　　如卖方不能如期交货，在卖方同意由付款行从议付的货物中扣除罚金或由买方于支付货款时直接扣除罚金的条件下，买方可同意延期交货，但是因延期交货的罚金不得超过延期交货部分金额的 5%，罚金按每 7 天收取延期交货部分金额的 0.5%，不足 7 天的按 7 天计算，如卖方未按本合同规定的装运期交货，延期 10 周时，买方有权撤销合同，并要求卖方支付上述延期交货罚金。

❖ 案例启迪 11-7

　　我某公司向香港某商家进口 20 台精密仪器，每台 3 万港元。合同规定，任何一方违反合同，应支付另一方违约金额 1 万港元。事后卖方只交付 12 台，其余 8 台不能交货。当时因市场价格上涨，每台价格为 4 万港元。卖方企图赔偿违约金 1 万港元了结此案。但买方不同意。在上述情况下，你认为买方能向卖方索赔多少金额？为什么？

任务三　不可抗力条款

一、不可抗力的条件

　　不可抗力是指买卖合同签订后，不是由于合同当事人的过失或疏忽，而是由于发生了合同当事人无法预见、无法预防、无法避免和无法控制的事件，以致不能履行或不能如期履行合同，发生意外事件的一方可以免除履行合同的责任或推迟履行合同。因此，不可抗力是一项免责条款，即免除由于不可抗力事件而违约的一方的违约责任。

> 课堂小思考：
> 　　不可抗力免责是否意味着只要遭遇不可抗力便可以不履行自己的合同义务？

　　构成不可抗力必须具备以下几个条件：

　　(1) 该事故发生在合同签订以后，合同履行完毕之前，并且是在订立合同时当事人所不能预见的。

　　(2) 它不是由于任何一方当事人的过失或疏忽行为所造成的，即不是由于当事人的主观原因所造成的。

　　(3) 它是双方当事人所不能控制的，即这种事件的发生是不能预见、无法避免、无法预防的。

❖ 案例启迪 11-8

　　2020 年 10 月，我国某外贸公司同一外商签订一份农产品出口合同，交货期为当年 12

月。由于同年 7-8 月间产区遭受旱灾，产品无收，出口人不能依约交货，于是以遭受不可抗力为由，向对方提出解除合同的要求。该项要求能否成立？为什么？

二、不可抗力的范围

根据我国实践、国际贸易惯例和多数国家有关法律的解释，不可抗力事件的范围主要由两部分构成：一是由自然原因引起的事件，如火灾、旱灾、地震、风灾、暴风雪、山崩、海啸、雷电等；二是政治或社会原因引起的事件，如战争、动乱、政府干预、罢工、禁运等。

三、合同中的不可抗力条款

在进出口贸易中，买卖双方洽谈交易时，对成交后由于自然力量或社会原因而可能引起的不可抗力事件是无法预见、无法控制的，加之国际上对不可抗力事件及其引起的法律后果并无统一的解释，为避免因发生不可抗力事件而引起不必要的纠纷，防止合同当事人对发生不可抗力事件的性质、范围作任意的解释，或提出不合理的要求，或无理拒绝对方的合理要求，故有必要在买卖合同中订立不可抗力条款，明确规定不可抗力事件的性质、范围、处理原则和处理方法，以利于合同的履行。

(一) 不可抗力条款的内容

一般来说，把自然现象及战争、严重的动乱看成不可抗力事件的做法各国是一致的，而对上述事件以外的人为障碍，如政府干预、不颁发许可证、罢工、政府禁令、禁运及政府行为等归入不可抗力事件常引起争议。为此，买卖双方应在合同中合理规定不可抗力事件的范围。事实上，各国都允许当事人在签订合同时自行约定不可抗力事件的范围。由于不可抗力条款是一项免责条款，买卖双方尤其是卖方都可以援引它来解释自身所承担的合同义务，这种援引在大多数情况下是扩大不可抗力条款的范围，以减少自己的合同责任。有的卖方除了将各种自然灾害列入外，还把生产制作过程中的意外事故、战争预兆、罢工、怠工、原材料匮乏、能源危机、原配件供应不及时等事件，以及航运机构未按已约定日期出航等，统统纳入不可抗力事件的范围。因而在交易中应认真分析，区别不同情况，做出不同处理，防止盲目接受。

> **课堂小思考：**
> 哪一种不可抗力事件规定方法较为理想？

我国进出口贸易合同对不可抗力条款主要有三种规定方法：

(1) 概括式规定。

概括式规定即在合同中不具体规定哪些事件属于不可抗力事件，而只是笼统地规定。这类规定包括的范围广，但是缺乏确切的含义，过于笼统，解释伸缩性大，容易被违约方利用而引起争议，在实际业务中一般不宜采用。

范例： If the shipment of the contracted goods is prevented or delayed in whole or in part due to Force Majeure, the sellers shall not be liable for non-shipment or late shipment of the goods of this contract.

　　　　　如果由于不可抗力的原因，致使卖方不能全部或部分装运或延迟装运货物，卖方对于这种不能装运或延迟装运本合同货物不负有责任。

(2) 列举式规定。

列举式规定即在合同中对不可抗力事件一一详细说明。这种方法对不可抗力事件的规定明确具体，不易引发争议，有利于不可抗力条款的执行。但由于条款很难将可能出现的不可抗力事件全部一一列举出来，容易出现遗漏情况，一旦发生未被列举的意外事件，受损方就会丧失援引不可抗力条款以免除责任的权利，故在实际业务中应尽量避免采用。

范例：If the shipment of the contracted goods is prevented or delayed in whole or in part by reasons of war, earthquake, fire, flood, heavy snow, storm, and so on, the sellers shall not be liable for non-shipment or late shipment of the goods of this contract.

　　　　　由于战争、地震、火灾、水灾、雪灾、暴风雨等原因，致使卖方不能全部或部分装运或延迟装运合同货物，卖方对于这种不能装运或延迟装运本合同货物不负有责任。

(3) 综合式规定。

综合式规定即将概括式和列举式两种规定方法综合起来，先列举出双方当事人达成共识的一些常见的不可抗力事件，然后再加上"其他不可抗力事件"，并由双方当事人共同磋商确定是否作为不可抗力事件。这种综合式规定使合同对不可抗力事件的范围的规定既明确具体，又具有一定的灵活性，是一种可取的办法，在国际上被广泛采用。我国进出口业务中，也大多采用这一种规定方法。

范例：If the fulfillment of the contract is prevented or delayed by reason of war or other causes of Force Majeure, which exists for three months after the expiring the contract, the non-shipment of this contract is considered to be void, for which neither the seller nor the buyer shall be liable.

　　　　　如果因战争或其他人力不可控制的原因，买卖双方不能在规定的时间内履行合同，如此种行为或原因，在合同有效期后继续三个月，则本合同的未交货部分即视为取消，买卖双方的任何一方，不负任何责任。

❖ **案例启迪 11-9**

我某公司与外商按国际市场通用规格进口某化工原料。订约后不久，市价明显上涨。交货期届满前，该外商生产该化工原料的两家工厂之一失火被毁，该外商以火灾为不可抗力为由要求解除其交货义务。对此，我方应如何处理？为什么？

(二) 不可抗力事件的处理

不可抗力事件所引起的法律后果主要有两种：一种是解除合同；另一种是延迟履行合同。至于在什么情况下解除合同，在什么情况下不能解除合同而只能延迟合同的履行，要看意外事故的原因、性质、规模及其对履行合同所产生的实际影响程度而定，也可由买卖双方在合同中做具体规定。如合同中没有规定，一般解释为：如不可抗力事件使合同的履行成为不可能，则可解除合同；如不可抗力事件只是暂时阻碍了合同的履行，则只能延迟履行合同。

(三) 不可抗力事件的通知和证明

按照国际惯例，不可抗力事件发生影响合同履行时，当事人必须及时通知对方，对方应在接到通知后及时答复，如有异议也应及时提出。为了明确责任，一般在不可抗力条款中规定一定的通知时限和方式，如"一方遭受不可抗力事故后，应以电报通知对方，并在15日内以航空挂号信件提供事故的详细及影响合同履行程度的证明文件"。

在进出口业务中，当一方援引不可抗力条款要求免除责任时，都必须向对方提交一份机构出具的证明文件，作为发生不可抗力的证据。在国外，一般是由当地的商会或合法公证机构出具。在我国，是由中国国际贸易促进委员会或其设在口岸的贸易促进委员会分会出证，进出口合同都应明确规定出证机构。

❖ 案例启迪 11-10

中方按 FOB 条件进口商品一批，合同规定交货期为 5 月份。4 月 8 日接对方来电称，因洪水冲毁公路(附有证明)，要求将交货期推至 7 月份。中方接信后，认为既然有证明因洪水冲毁公路，推迟交货期应没有问题，但因广交会期间工作比较忙，中方一直未答复对方。6、7 月份船期较紧，于 8 月份才派船前往装运港装货。因货物置于码头仓库产生了巨额的仓租、保管等费用，对方便要求中方承担有关的费用。请问：中方可否以对方违约在先为由不予理赔？为什么？

任务四 仲 裁 条 款

一、仲裁的含义

仲裁是指买卖双方在纠纷发生之前或发生之后，签订书面协议，自愿将纠纷提交双方所同意的第三者予以裁决，以解决纠纷的一种方式。仲裁的裁决是终局的，对双方都具有约束力，双方必须遵照执行。

二、仲裁协议

仲裁协议(Arbitration Agreement)是指当事人在合同中订明的仲裁条款，或者以其他形式达成的提交仲裁的书面协议。仲裁协议是仲裁机构受理仲裁事宜的重要依据。我国《仲裁法》规定，没有仲裁协议，当事人一方申请仲裁的，仲裁机构不予受理。仲裁协议有书面形式和口头形式之分。在我国，解决进出口贸易争议的仲裁协议必须是书面的。

(一) 仲裁协议的形式

书面仲裁协议的形式主要有三种：

(1) 合同中的仲裁条款：是指双方当事人在签订合同时订立的、表示同意将可能发生的争议提交仲裁裁决的内容。

(2) 提交仲裁的协议：它是争议发生之后订立的，表示同意将已经发生的争议提交仲裁裁决的协议。这种协议可以采用协议书的形式，也可以通过双方的往来函件、电报或电传来表示。

(3) 援引式仲裁协议：是指双方当事人在争议发生之前或争议发生之后，通过援引方式达成的仲裁协议，即当事人一般不直接拟定协议的具体内容，而只是同意有关争议按照某公约(或双边条约、多边条约、标准合同)中的仲裁条款所述内容进行仲裁。

(二) 仲裁协议的作用

按照我国和多数国家仲裁法的规定，仲裁协议的作用主要有以下三方面：

(1) 约束双方当事人解决争议的行为。仲裁协议表明双方当事人在发生争议时自愿以仲裁方式解决，而不得向法院起诉。

(2) 授予仲裁机构对仲裁案件的管辖权。任何仲裁机构都无权受理没有仲裁协议的案件，这是仲裁的基本原则。

(3) 排除法院对于争议案件的管辖权。世界上大多数国家的法律都规定，仲裁协议对签约的当事人具有约束力，都承认仲裁协议具有排除法院司法管辖权的作用，法院不得受理就同一争议事项提出诉讼的案件。

三、合同中的仲裁条款

仲裁条款的规定应当明确、合理，不能过于简单。合同中的仲裁条款一般包括仲裁地点、仲裁机构、仲裁规则、仲裁裁决的效力、仲裁费用等内容。

(一) 仲裁地点

按照有关国家法律的解释，在什么地点仲裁就适用哪个国家的仲裁规则或有关法律。在我国进出口合同中，关于仲裁地点的选择有下列三项规定方法：① 规定在中国仲裁；② 规定在被申请人所在国仲裁；③ 规定在双方同意的第三国仲裁。

国际主要商事
仲裁机构

(二) 仲裁机构

仲裁机构是指受理仲裁案件并做出裁决的机构。一般应在合同中明确规定由哪个仲裁机构裁决，但也可在发生争议后双方协议商定。根据仲裁机构的设置情况，国际上进行仲裁的机构有三种：一种是常设仲裁机构；二是临时仲裁机构；三是附设在特定行业内的专业性仲裁机构。

(三) 仲裁程序与规则

仲裁程序与规则是指进行仲裁的程序和具体做法，包括如何提交仲裁申请，如何进行答辩，如何指定仲裁员，如何组成仲裁庭，如何进行仲裁审理，如何做出裁决以及如何缴纳仲裁费等。这样做的目的是为当事人和仲裁员提供一套仲裁时的行为准则，以便在仲裁时有所遵循。仲裁程序如图 11-1 所示。

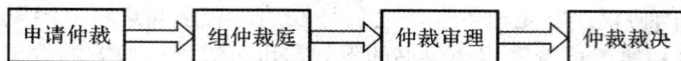

申请仲裁 ⟹ 组仲裁庭 ⟹ 仲裁审理 ⟹ 仲裁裁决

图 11-1　仲裁程序

仲裁机构一般都有自己的仲裁程序规则。在仲裁条款中，一般都规定采用哪个仲裁机构的仲裁规则。按照国际仲裁的一般做法，原则上采用仲裁所在地的仲裁规则，但也允许当事人自由选用其他仲裁规则。

(四) 仲裁效力

《中国国际经济贸易仲裁委员会仲裁规则》明确规定，仲裁裁决是终局的，对双方当事人均具有约束力。当事人双方必须遵照执行，一方当事人不执行的，另一方可向有关法院申请执行，任何一方都不得向法院起诉要求变更。为了明确仲裁裁决的效力，当事人订约时，应在仲裁条款中明确规定，仲裁裁决是终局性的，对双方当事人都有约束力。

课堂讨论：
在仲裁机构做出裁决后，如对裁决不服，可否向上一级仲裁机构提请仲裁？可否上诉至法院要求重新裁决？

(五) 仲裁费用

通常应在仲裁条款中对仲裁费用的负担做出明确规定。一般都规定由败诉方承担仲裁费用，但也有的规定由仲裁庭酌情决定。

范例：Any dispute arising from or in connection with this contract shall be submitted to China International Economic and Trade Arbitration Commission for arbitration which shall be conduced in accordance with its arbitration rules effective. The arbitral award is final and binding upon both parties.

凡因本合同引起的或与本合同有关的任何争议，均应提交中国国际经济贸易仲裁委员会，按照申请仲裁时该会现行有效的仲裁规则仲裁。仲裁裁决是终局的，对双方均有约束力。

教学做一体化训练

模块三

进出口合同的签订和履行阶段

项目 12　进出口合同的起草和签订

【学习目标】

1. 知识目标

(1) 熟悉书面合同的形式；

(2) 掌握完整合同的内容；

(3) 理解签订书面合同的意义；

(4) 了解合同有效成立的条件。

2. 技能目标

(1) 能选择适当的合同形式；

(2) 能根据磋商结果起草完整的进出口货物买卖合同；

(3) 能确认签字方的身份；

(4) 能正确地签订合同。

【任务引入】

　　浙江长征纺织品进出口公司与加拿大国际贸易公司已经就成交商品(女士真丝衬衫)的品质、数量、包装、价格、运输、保险、支付、商检、索赔、仲裁、不可抗力条款达成一致，接着，业务员王新准备和其客户按照商定结果起草正式合同，进入合同签订环节。

【任务分析】

　　买卖双方就合同的条款达成一致意见后，首先应选择一种适当的合同形式，并由约定的起草方按照磋商结果起草正式合同，才能进入合同签订环节。进出口货物买卖合同的形式多样，内容不一，繁简不一。我国的外贸实践中，广泛使用的是进出口合同或确认书。我方出口时，应尽量争取出口合同或确认书的起草权。

贸易故事

　　在本次任务中，进出口双方需要考虑的问题是：合同由哪一方起草？合同形式与起草的身份是否有关系？一份完整的合同应包含哪些内容？

任务一　合同的起草

一、书面合同的形式

　　对于书面合同的形式，国际上并无特定的限制，通常有合同和确认书两种。

(一) 合同

合同(Contract)的内容比较全面，对双方的权利、义务以及发生争议后如何处理，均有比较详细的规定。大宗、贵重商品或成交金额较大、交易条件较为复杂、履约时间较长的交易，宜采用这种合同形式。合同有销售合同(Sales Contract)和购货合同(Purchase Contract)两种。前者是卖方起草的合同；后者是买方起草的合同。我国很多外贸企业一般都有固定的合同格式，交易达成后，由业务员按双方谈定的交易条件逐项填写即可。合同使用的文字是第三人称语气。

(二) 确认书

确认书(Confirmation)亦称简式合同，是合同的简化形式，分为销售确认书(Sales Confirmation)和购货确认书(Purchase Confirmation)。前者是卖方起草后出具的确认书，后者是买方起草后出具的确认书。确认书和合同的法律效力相同，但是两者格式、条款项目略有不同，确认书比较简单，主要适用于金额不大、批数较多的土特产品和轻工产品，或已订有代理、包销长期协议的交易。确认书的文字使用第一人称。

二、合同的内容

书面合同的内容一般由约首、正文、约尾三部分组成。

(一) 约首

约首(Head)是指合同的序言部分，其中包括合同的名称、编号、签约日期、地点、签约双方当事人的名称和地址(要求写明全称)。此外，在合同序言部分常常写明双方订立合同的意愿和执行合同的保证。

(1) 合同名称。合同名称说明合同的形式，一般位于合同的首行正中位置，如"合同"或"确认书"。

(2) 合同编号。我国许多外贸公司内部自行规定了合同的编号规则，主要是为了方便管理与查找。如由公司名称字母加上年份，再加上业务类型等一连串数字组成。

(3) 签约日期。合同签约日期就是合同的生效日期，同时，这一时间也影响到争议解决适用的法律。

(4) 签约地点。签约地点即指合同成立的地点，也就是完成合同订立程序的地点。这一地点关系到案件的管辖，在合同中非常重要。

(5) 签约双方当事人的名称和地址。这部分内容要求填写全称，如公司全称、地址和联系方式。

(二) 正文

正文(Body)是合同的主体，具体规定了买卖双方各自的权利和义务，一般称为合同条款，如品名条款、品质条款、数量条款、价格条款、包装条款、装运条款、支付条款及商检、索赔、仲裁、不可抗力条款等。

（三）约尾

约尾(Tail)是合同的结尾部分。一般列明合同的法律适用、份数、使用的文字及其效力、双方签字与生效的时间等内容。

（1）法律适用。由于合同当事人往往分处不同国家或地区，合同中应明确规定使用哪一国的法律，或适用哪种国际贸易条约或惯例。

（2）合同份数。一般指合同正本的份数。通常情况下是一式两份，双方各执一份。涉及需要审批或内部管理的，可以订立多份正本。

（3）使用的文字及效力。进出口贸易合同一般由多种文字起草，为了避免对不同文字理解出现歧义，应明确规定最终解释以哪种文字为准。

（4）双方签字与生效时间。当事人双方通常由法人或授权代表签字，加盖双方法人单位公章或合同专用章后，合同即告生效。

合同样本如下所示。

上 海 电 器 有 限 公 司
SHANGHAI ELECTRIC APPLIANCE CO., LTD.
96 Gaoji Street Pudong District Shanghai China

销售确认书

SALES CONFIRMATION

To:

SANTOS TRADE COMPANY LIMITED   No.:   SEA080620

355 SAN JOSE BOULEVARD   Date: 20 JUN. 2020

RIO DE JANEIRO

BRAZIL

The undersigned Sellers and Buyers have agreed to close the following transaction according to the terms and conditions stipulated below:

Art. No.	Name of commodity and specifications	Quantity	Unit Price	Amount
			CIF RIO DE JANEIRO	
2108	SVA BRAND COLOUR TV SET 110V 100HZ WITH REMOTE CONTROL	360SETS	USD90.00/PC	USD32400.00
	SAY U. S. DOLLARS THIRTY TWO THOUSAND FOUR HUNDRED ONLY.			

Time of shipment: ON OR BEFORE 05 AUG 2020

Shipping Marks: S.T.C.

　　　　　SEA080620

　　　　　RIO DE JANEIRO

　　　　　NO. 1-360

Means of shipment: SEA FREIGHT FROM SHANGHAI TO RIO DE JANEIRO ALLOWING PARTIAL SHIPMENTS AND TRANSSHIPMENT

Packing: ONE SET IN ONE CARTON, TOTAL 360 CARTONS ONLY.

Insurance: TO BE EFFECTED BY THE SELLERS AT 110 PERCENT OF THE INVOICE VALUE COVERING ALL RISKS AS PER CIC OF PICC DATED 01/01/1981.

Terms of payment: 50% OF THE S/C AMOUNT USD16200.00 PAID BY T/T BEFORE 30 JUNE AND THE BALANCE OF AMOUNT USD16200.00 PAID BY D/A AT 30 DAYS AFTER SIGHT

Documents requite: 1.　SIGNED COMMERCIAL INVOICE IN TRIPLICATE

　　　　　　　　2.　FULL SET CLEAN ON BOARD BILL OF LADING MADE OUT TO ORDER BLANK ENDOURSED NOTIFY THE BUYER

　　　　　　　　3.　INSURANCE POLICY IN DUPLICATE

　　　　　　　　4.　CERTIFICATE OF ORIGIN IN DUPLICATE

　　　　　　　　5.　PACKING LIST IN TRIPLICATE

　　　　　　　　6.　CERTIFICATE OF QUALITY ISSUED BY CIQ IN DUPLICATE

The Buyer:

SANTOS TRADE COMPANY LIMITED

Roberto Jose

The Seller:

Shanghai Electric Appliance Co., Ltd.

徐运迪

任务二　合同的签订

在交易磋商中，一方的有效发盘被另一方有效接受，交易即告成立，买卖双方即构成合同关系。双方在交易磋商中的往来函电就是合同的书面证明。但根据进出口贸易习惯和我国法律规定，双方还应签订具有一定格式的书面合同，以进一步明确双方的权利和义务，同时便于双方履行各自的义务。

一、签订书面合同的意义

（一）合同成立的依据

按照法律要求，凡是合同必须能得到证明，包括人证和物证。用函电磋商时，双方往来的信件、电传和电报等均可以成为书面证明。通过口头磋商达成的合同，除非有录音录像，否则举证就难以做到。所以口头磋商达成的合同，若不用一定的书面形式加以确认，就会因为不能被证明而得不到法律保障，使之在法律上成为无效合同。如果签订书面合同，就可以用合同的书面形式证明合同的存在。双方当事人如对合同内容产生争执，可以查看合同的具体规定，并得到法律的保护。

(二) 合同生效的条件

《公约》和多数国家的法律规定，只要接受生效，合同即告成立。如果交易磋商中一方曾声明"以签订书面合同为准"，或法律规定必须签订书面合同时，书面合同则是合同成立的必要条件。根据我国法律规定，当事人采用合同书包括确认书形式订立合同的，自双方当事人签字或盖章时合同成立。签字或盖章不在同一时间的，最后签字或者盖章时合同成立。此外，需经一方或双方所在国政府审核批准的合同，必须签订具有一定格式的书面合同。

(三) 合同履约的依据

合同的履行涉及买卖双方的内部和外部的诸多部门和人员，如果是口头合同，将对很多部门和人员的履约造成极大的困难和不便。即使通过信件或电传等方式达成的交易，如果不把分散在所有往来函电中协商而成的条件归纳成一份统一的书面合同，也将极难履行。因此，无论是口头或书面形式磋商达成的交易，书面合同对履约是绝对必要的。

二、合同有效成立的条件

买卖双方就各项交易条件达成协议后，并不意味着合同一定有效。根据各国合同法规定，一项有法律约束力的合同，除买卖双方就交易条件通过发盘和接受达成协议外，还必须具备下列有效条件：

(1) 当事人必须具有签订合同的行为能力。各国的法律都规定，具有行为能力的自然人和法人都有签订合同的行为能力。按照一般的法律规定，具有行为能力的自然人是指神智正常的成年人。但是，各国对于成年人的年龄规定各不相同。日本和瑞士规定年满 20 岁的为成年人；墨西哥规定 23 岁为成年人。法人行为能力的行使必须由其法定代表或授权代表进行。法人必须通过其代理人，在法定的经营范围内签订合同，越权的合同不能发生法律效力。

(2) 合同必须有对价或约因。对价(Consideration)是指当事人为了取得合同利益所付出的代价，即相对给付，是英美法系的合同术语。约因(Cause)是指当事人为了签订合同所追求的直接目标，是大陆法系中合同的成立要件。按照一般的法律规定，合同只有在有对价或约因时，才是法律上有效的合同，无对价或无约因的合同，是得不到法律保护的。

(3) 合同的内容必须合法。合同内容必须合法包括不得违反法律，不得违反公共秩序或公共政策以及不得违反善良风俗或道德三个方面。贸易合同必须合法，原因是：其一，从理论上讲，签订贸易合同是一种法律行为，必须合法。任何违反有关国家法律和社会公共利益的行为，都是法律所禁止的，是非法行为。其二，当事人签订贸易合同时要达到预期的经济目的。这种经济目的必须和有关进出口的经济利益一致，否则就不能受到国家法律的保护，也是难以履行的。

(4) 合同必须符合法律规定的形式。世界上大多数国家的法律对贸易合同的形式并无特殊的要求，即无论以口头方式、书面方式或以行为来表示均无不可，听凭贸易当事人自愿，即"不要式原则"，如《公约》。但是，《公约》同时允许缔约国(如中国)对此条款提出声明予以保留。此外，有些国家的法律规定一定金额的贸易合同必须采取书面的方式订立。例如，美国《统一商法典》规定，凡超过 500 美元的贸易合同，除另有规定外，均须采取书面形式。

(5) 合同当事人的意思表示必须真实。各国合同法都认为贸易合同当事人的意思表示必须真实且无瑕疵。凡在他人欺诈或胁迫下做出的意思表示是虚假的、不真实的，因而在这种情况下签订的贸易合同是无效的。欺诈是指以使他人发生错误为目的的一种故意行为。各国法律都认为，凡因欺诈而订立合同的，受欺骗的一方可以撤销合同，主张合同无效，要求赔偿损失。胁迫是指以使他人恐惧为目的的一种故意行为。例如，一方当事人利用其雄厚的财力、物力以及所拥有的先进技术和管理经验，对另一方当事人进行精神上的威胁或要挟，迫使对方接受不公平的交易条件。

教学做一体化训练

项目 13　进出口合同的履行

1. 知识目标

(1) 理解出口合同履行的流程；

(2) 理解进口合同履行的流程；

(3) 掌握主要出口单据的填制；

(4) 掌握主要进口单据的填制。

2. 技能目标

(1) 能完成出口合同的履行；

(2) 能完成进口合同的履行。

在王新的努力下，浙江长征纺织品进出口公司与加拿大国际贸易公司经过认真、细致的多轮谈判，终于签订出口合同了。出口合同签订以后，接下来的业务就进入了实质履行阶段。

任务：履行出口合同。

合同的履行是整个交易中最重要的环节之一。在我国的出口业务中，常见的就是以信用证为支付方式、以海运为运输方式的 CIF 与 CFR 合同。这类合同的履行一般要经过备货、催证、审证、改证、租船、订舱、报检、报关、保险、装船、制单、结汇等诸多环节。在这些环节中，证(催证、审证、改证)、货(备货、报检)、船(租船、订舱)、款(制单、结汇)

贸易故事

四个环节的工作最为重要，它们是出口合同履行的必要程序。因此，按时、按质、按量履行合同的规定，不仅关系到买卖双方行使各自的权利和履行相应的义务，而且关系到企业、国家的对外信誉。

任务一　出口合同履行

为了更清楚地了解出口合同的履行过程，下面展示以信用证和 CIF 价格术语成交的海运出口工作程序，如图 13-1 所示。

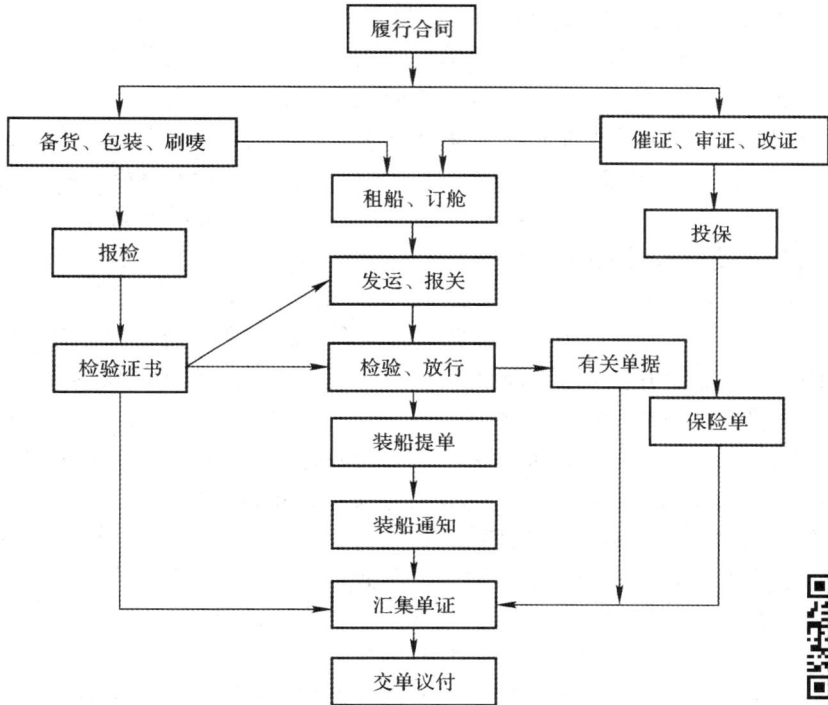

图 13-1　出口合同履行程序

出口贸易流程

一、催证、审证、改证

(一) 催证

在出口合同中，买卖双方如果约定采用信用证方式付款，买方则应严格按照合同的规定按时开立信用证。若合同中对买方开证时间未做规定，买方应在合理时间内开出。但在进出口业务中，有时国外进口商在遇到市场发生变化或资金发生短缺的情况下，往往会拖延开证，这时出口方应催促对方迅速办理开证手续。如果经催促对方仍不开证，应向对方提出保留索赔的声明。

(二) 审证

当买方开来信用证后，卖方应根据买卖合同内容审查信用证。信用证是依据合同开立的，其内容应该是与合同条款一致的。但在进出口业务中，由于种种因素，如工作的疏忽、电文传递的错误、贸易习惯的不同、市场行情的变化或进口商有意利用开证的主动权加列对其有利的条款等，往往会出现开立的信用证条款与合同不符的情况。为确保收汇安全和合同顺利执行，卖方应该在国家对外政策的指导下，对不同国家、不同地区以及不同银行的来证，依据合同进行认真的核对与审查。

在进出口业务中，银行和进出口公司共同承担审证任务。其中，银行着重审核开证行的政治背景、资信能力、付款责任和索汇路线等方面的内容，进出口企业则着重审核信用证的内容与进出口合同是否一致。对信用证审核的内容，一般应包括以下几个方面。

(1) 开证行资信。为了保证安全收汇，对开证行所在国家的政治经济状况、开证行的资信、经营作风等必须进行审查。对于资信不佳的银行，可采取适当措施，例如要求银行加保兑、分批出运、分批收汇等，以保证我方收汇安全。

(2) 信用证性质。信用证的性质和开证行付款责任是否明确、具体，直接关系到我方出口货物能否安全收汇。根据《UCP600》的规定，凡是信用证都是不可撤销的，所以来证中不得标明"可撤销"字样。同时，证内对开证行付款责任方面加列限制性条款或保留条件的条款，受益人对此必须特别注意。如来证注明"以领到进口许可证后通知时方能生效"等类似文句，应在接到上述生效通知书或信用证详细条款后方履行交货义务。

(3) 信用证金额与货币。信用证金额应与合同金额相一致。若合同订有溢短装条款，则信用证金额还应包括溢短装部分的金额。信用证金额中单价与总值要填写正确，大、小写并用。来证所采用的货币应与合同规定相一致。

(4) 信用证的装运期、有效期和到期地点。信用证的装运期必须与合同规定一致，如果国外来证晚，无法按期装运，应及时电请国外买方延展装运期限。信用证的有效期一般应与装运期有一定的合理间隔，以便在装运货物后有足够的时间办理制单、结汇工作。信用证有效期与装运期规定在同一天的，称为"双到期"。"双到期"是不合理的，受益人应视具体情况考虑是否就此提出修改。信用证的到期地点，通常要求规定在中国境内到期，如信用证将到期地点规定在国外，一般不宜轻易接受。

(5) 商品的货名、品质、规格、数量、包装等条款。信用证中有关商品货名、品质、规格、数量、包装、单价等内容必须和合同规定相符，特别是要注意有无另外的特殊条款。如果发现信用证与合同规定不符，应酌情做出是否接受或修改的决策。

(6) 对单据的审查。单据是出口方收款的重要证据，对于来证中要求提供的单据种类和份数及填制方法等，要进行仔细审核，如发现有不正常规定，例如要求商业发票或产地证明须由国外第三方签证以及提单上的目的港后面加上指定码头等字样，都要慎重对待。

(7) 审核转运和分批装运条款。一般情况下，买方都不愿意接受对其进口的货物在运输中可以转运的条款，因为货物中途转运，不仅延误时间、增加费用开支，还有可能出现货损、货差。卖方在审核有关条款时，应注意它是否与合同的规定一致。合同中如规定分批、定期、定量装运，那么在审核来证时，应注意每批装运的时间是否留有足够的间隔。因为按照惯例，对于分批装运合同，若任何一批为按期装运，则信用证中的该批和以后各批均告失效，所以审证时要认真对待。

(8) 审核信用证的付款方式。银行的付款方式有四种：即期付款、延期付款、承兑汇票到期付款或议付。信用证都必须清楚地注明付款属于哪一类。

(9) 对其他特殊条款的审查。在审证时，除对上述内容进行仔细审核外，有时信用证内会加列许多特殊条款，如指定船公司和指定船籍、船龄、船级等条款，或不准在某个港口转船等，一般不应轻易接受，但若对我方无关紧要，且能办到，则可酌情灵活掌握。

❖ **案例启迪 13-1**

我某外贸公司以 CIF 汉堡与外商成交出口一批货物，投保了一切险及战争险。合同中的支付条款只简单填写"信用证支付方式"。国外来证条款中有如下文句："该证项下的款项在货到鹿特丹后由我行支付。"受益人在审证时未发现，因此未请对方修改删除。我方在交单结汇时，银行也未提出异议。不幸的是，60%的货物在运输途中被大火烧毁，船到目的港后开证行拒付全部货款。对此应如何处理？为什么？

(三) 改证

对信用证进行了全面、细致的审核以后，如果发现问题，应区分问题的性质，分别同银行、运输、保险、商检等有关部门研究，做出恰当和妥善的处理。凡是属于不符合我国进出口贸易方针政策，影响合同执行和安全收汇的情况，我们必须要求国外客户通过开证行进行修改，并坚持在收到银行修改信用证通知书后才能对外发货，以免发生货物装出而修改通知书未到的情况，造成我方工作上的被动和经济上的损失。

在办理改证工作中应注意以下几点：

(1) 凡需要修改的各项内容，应做到一次向国外客户提出，尽量避免由于我们考虑不周而多次提出修改要求。否则，不仅会增加双方的手续和费用，而且会对外造成不良影响。

(2)《UCP600》规定：未经开证行、保兑行(若已保兑)和受益人同意，不可撤销信用证既不能修改，也不能取消。因此，对不可撤销信用证中任何条款的修改，都必须在有关当事人全部同意后才能生效。

(3)《UCP600》规定："对同一修改通知中的修改内容不允许部分接受，因而对修改内容的部分接受当属无效。"国外开证行发来的修改通知中如包括两项或两项以上的内容时，我们对此通知要么全部接受，要么全部拒绝，不能只接受其中一部分而拒绝另一部分。

二、备货、报检

(一) 备货

出口企业性质不同，备货的形式也不同。对于外贸进出口企业，如果公司没有固定的生产加工部门，那么就要向国内有关生产企业联系货源，订立国内采购合同。对于自营出口的生产型企业的备货，是向生产加工或仓储部门下达联系单，要求该部门按联系单的要求，对应交的货物进行清点、加工整理、包装、刷制运输标志以及办理申报检验和领证等工作。在备货工作中，应注意以下几个问题。

(1) 货物的品质、规格必须与合同规定一致。货物的品质、规格应按合同的要求核实，必要时应进行加工整理，以保证货物的品质、规格与合同规定一致。

(2) 货物的数量必须与信用证和合同规定一致。按约定数量交货是卖方的重要义务。备货的数量应保证满足合同或信用证对数量的要求，应适当留有余地，以备装运时可能发生的调换和适应舱容之用。

(3) 货物的包装必须符合出口合同的规定和运输的要求。在备货过程中，要求货物的内、外包装和装潢(包括商标、贴头、标签)均认真核对和检查，使之符合信用证的规定，并要满足保护商品和适应运输的要求。如发现包装不良或有破损的情况，应及时进行修整或换装，以免在装运时拿不到清洁提单，造成收汇损失。货物备妥后，应按合同和信用证规定刷制运输标志。

（4）备货时间。备货时间应根据合同和信用证规定的装运期限，同时结合船期安排，以利于船货衔接。

（二）报检

凡属国家规定法定检验的商品，或合同规定必须经中国进出口商品检验检疫局检验出证的商品，在货物备齐后，应向商品检验局申请检验。只有取得商检局签发的检验合格证书，海关才准放行。凡属法定检验的出口货物，必须根据国家有关进出口商品检验检疫方面的规定，在规定的时间和地点，持出口合同、信用证副本、发票、装箱单等有关单证向检验检疫机构报验，经检验检疫合格后，由检验检疫机构发给检验证书。出口方应在检验证书规定的有效期限内将货物装运出口。如果超过有效期装运出口，应向检验检疫机构申请展期，由检验检疫机构复验合格后，才能出口。

三、装运、报关、投保

（一）装运

装运工作包括租船、订舱、发运等。按 CIF 或 CFR 条件成交时，卖方应及时办理租船、订舱工作。若是大宗货物，需要办理租船手续；若是一般杂货，则需洽订舱位。在办理国际货运的实际业务中，除运输工具承运人外，还有专门为船舶与货运服务的船舶代理公司、货运代理公司、储运公司、报关经纪行、卡车运输公司和其他运输与物流管理公司等，为办理货运提供了多种选择。

（二）报关

报关是指货物通过关境前向海关办理申报手续。目前，我国出口企业在办理报关时，可以自行办理报关手续，也可以通过专业的报关经纪行或国际货运代理公司来办理。无论是自理报关还是代理报关，都必须填写出口货物报关单，必要时，还需提供出口合同副本、发票、装箱单或重量单、商品检验证书及其他有关证件，向海关申报出口。

（三）投保

买卖双方若按 CIF 价格成交，卖方在装船前，须及时向保险公司办理投保手续，填制投保单。出口商品的投保手续一般是逐笔办理。投保人投保时，应将货物名称、保险金额、运输路线、运输工具、开航日期、投保险别等一一列明。保险公司接受投保后，即签发保险单或保险凭证。货物装运完毕，应及时向买方发出装船通知，目的是使买方了解装运情况，并做好收货付款的准备。

四、制单、结汇

出口货物装运之后，出口商即应按信用证要求缮制单据，并在信用证规定的交单有效期内，向有关银行办理议付、结汇手续。出口商填写"出口结汇申请书"，开具汇票，连同整套货运单据交当地银行办理结汇手续。

(一) 出口结汇方式

我国出口商通过银行办理信用证项下出口结汇的做法，包括收妥结汇、定期结汇和买单结汇三种方式。

1. 收妥结汇

收妥结汇是指议付行收到出口商的出口单据后，经审核无误，将单据寄交国外付款行索取货款的结汇做法。这种方式下，议付行都是在收到付款行的货款后，才按当日外汇牌价，按照出口商的指示，将货款折成人民币拨入出口商的账户。

2. 定期结汇

定期结汇是指议付行根据向国外付款行索偿所需时间，与出口商商定，预先确定一个固定的结汇期限，该期限到期后，不论是否已经收到国外付款行的货款，都主动将票款金额折成人民币拨交出口商。

3. 买单结汇

买单结汇又称出口押汇，是指议付行在审单无误的情况下，按信用证条款贴现受益人(出口商)的汇票或者以一定的折扣买入信用证项下的货运单据，从票面金额中扣除从议付日到估计收到票款之日的利息，将余款按议付日外汇牌价折成人民币拨交出口商。议付行向受益人垫付资金、买入跟单汇票后，即成为汇票持有人，可凭票向付款行索取票款。银行之所以做出口押汇，是为了给出口商提供资金融通的便利，这有利于加速出口商的资金周转。

(二) 结汇所需单证

在办理议付结汇时，通常需要提交以下一些单据。

(1) 汇票(Draft)。汇票一般开具一式两份，只要其中一份付讫，则另一份即自动失效。

(2) 商业发票(Commercial Invoice)。商业发票简称发票，是卖方开立的载有货物的品名、数量、价格等内容的清单，是买卖双方凭以交接货物和结算货款的主要单证，也是办理进出口报关后，纳税不可缺少的单证之一。

对外贸易中所涉及的
单据和证书

(3) 海关发票(Customs Invoice)。在进出口贸易中，有些进口国家要求国外出口商按进口国海关规定的格式填写海关发票，以作为估价完税或征收差别待遇关税，或征收反倾销税的依据。

(4) 领事发票(Consular Invoice)。有些进口国要求国外出口商必须向该国海关提供该国领事签证的发票，其作用与海关发票基本相似。各国领事签发领事发票时，均需收取一定的领事签证费。

(5) 厂商发票(Manufacture's Invoice)。厂商发票是出口厂商所出具的以本国货币计算价格，用来证明出口国国内市场的出厂价格的发票，其作用是供进口国海关估价、核税以及征收反倾销税之用，如国外来证要求提供厂商发票，应参照海关发票有关国内价格的填写办法处理。

(6) 装箱单和重量单(Packing List & Weight List)。装箱单又称花色码单，列明每批货物的逐件花色搭配；重量单则列明每件货物的毛重和净重。装箱单和重量单用来补充商业发

票内容的不足，便于在货物到达目的港时海关检查和核实货物。

(7) 提单(Bill of Lading)。提单是各种单据中最重要的单据。各船运公司所负责缮制的提单格式各不相同，但其内容大同小异，其中包括承运人、托运人、收货人、通知人的名称，船名，装卸港名称，有关货物和运费的记载以及签发提单的日期、地点及份数。

(8) 保险单(Insurance Policy)。按 CIF 条件成交时，出口商应代为投保并提供保险单，保险单的内容应与有关单证的内容衔接。例如，保险险别与保险金额，应与信用证的规定相符；保险单上的船名、装运港、目的港、预计开航日期以及有关货物的记载，应与提单内容相符；保险单的签发日期不得晚于提单日期；保险单上的金额，一般应相当于发票金额加一成的金额等。

(9) 检验证书(Inspection Certificate)。各种检验证书分别用以证明货物的品质、数量、重量和卫生条件等。在我国，检验证书一般由检验检疫机构出具。若合同或信用证无特别规定，也可以依据不同情况，由进出口公司或生产企业出具。但应注意，证书的名称及所列项目或检验结果，应与合同和信用证规定相同。

(10) 产地证明书(Certificate of Origin)。有些不使用海关发票或领事发票的国家，要求出口商提供产地证明书，以便确定进口货物应征税的税率。产地证明书一般由出口地的公证行或工商团队签发，在我国通常由中国进出口商品检验局或中国贸促会签发。

结汇单据制作要求

任务二　进口合同履行

我国进口货物大多数是按 FOB 条件并采用信用证付款方式成交的。在此条件下，进口方履行合同的一般程序包括开立信用证、租船、订舱、接运货物、办理货运保险、审单、付款、报关提货、验收与拨交货物和办理索赔等，如图 13-2 所示。

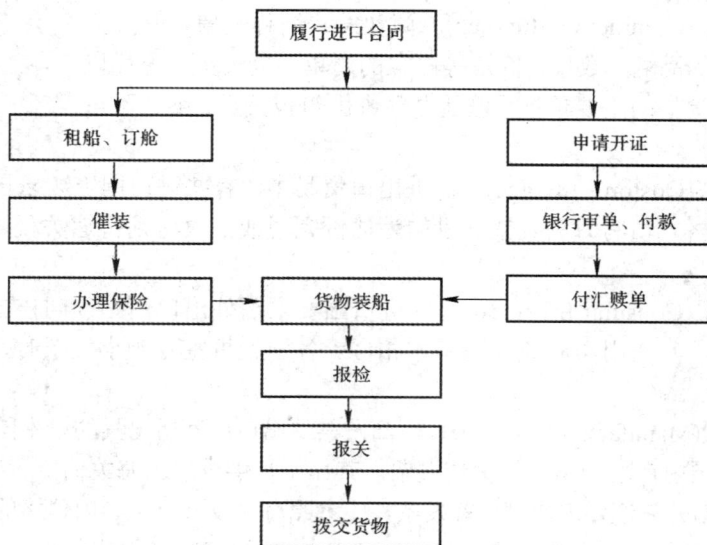

图 13-2　进口合同履行程序

一、开立信用证

买方向银行办理开证手续时，必须按合同内容填写开证申请书，银行则按开证申请书的内容开立信用证。信用证内容是以合同为依据开立的，它与合同内容应当一致。

信用证的开证时间应按合同规定办理。如合同规定在卖方确定交货期后开证，买方则应在接到卖方上述通知后开证；如合同规定在卖方领到出口许可证或支付履约保证金后开证，则买方应在收到卖方已领到许可证的通知或银行转知保证金已收到后开证。

对方收到信用证后，提出修改的要求，而又能为我方所接受，则应及时向银行办理改证手续。最常见的修改内容有延展装运期、信用证有效期，变更装运港等。

二、租船接货

进口货物按 FOB 贸易术语成交时，由买方安排运输，负责租船、订舱。一般程序是，买方在接到卖方的备货通知后，填写进口订舱联系单，连同合同副本送外运公司，委托其安排船只和舱位，订立运输合同。

目前，我国进口货物时通常委托中国对外贸易运输公司、中国租船公司或其他运输代理机构代办运输，也有直接向中国远洋运输公司或其他办理国际货物的实际承运人办理托运手续的。办妥后要及时将船期、船名、航次通知国外出口方，以便对方及时备货并准备装船。同时，为了防止船、货脱节的情况发生，买方应及时催促卖方做好备货、装船工作，特别是对于数量大或重要的进口货物，更要抓紧催促卖方按时装船发货。必要时，可请驻外机构就地协助了解和督促卖方履约，或派员前往出口地点检验督促，以利于接运工作的顺利进行。

三、办理投保

凡由买方办理保险的进口货物，接到卖方的装运通知后，应及时将船名、提单号、开航日期、装运港、目的港以及货物的名称和数量等内容通知有关保险公司，按预约保险合同规定对货物承担自动承保的责任。在买方没有与保险公司签订预约保险合同的情况下，进口货物必须逐笔投保。应当注意的是，买方接到卖方的发货通知后应立即向保险公司办理投保手续，否则，若货物在投保前的运输途中发生损失，保险公司不负责赔偿责任。

四、审单付款

货物装船后，卖方即凭提单等有关单据向当地银行议付货款。议付行寄来单据后，经银行审核无误即通知买方付款赎单。如经银行配合审单发现单证不符或单单不符，应及时进行处理。

五、办理进口报关

买方付款赎单后，货物运抵目的港，即应及时向海关办理申请手续。经海关查验有关单据、证件和货物并在提单上签章放行后，即可凭此提货。关于这一环节的工作，主要包括下列事项。

(一) 进口货物的申报

进口货物运抵目的港后，收货人或其代理人应向海关交验有关单证，办理进口货物申报手续。未经海关准予注册登记的单位和未经海关考核认可的人员，不得直接向海关办理报关手续。收货人或其代理人向海关申报时，应填写进口货物报关单，并向海关提供各种有效的单据，如提货单、装货单或运单、发票、装箱单、进口货物许可证以及海关认为必须交的其他有关证件。超过法定申报时限(指自运输工具进境之日起 14 天内)未向海关申报的，由海关按日征收进口货物 CIF(或 CIP)价格的 0.05%的滞报金。超过 3 个月未向海关申报的，由海关提取变卖，所得货款在扣除运输、装卸、储存等费用和税款后，余款自变卖之日起 1 年内，经收货人申请可予以发还。

(二) 接受海关查验货物

进口货物一般都要接受海关查验，以确定申报进口的货物是否与报关单证所列明的一致。查验货物应在海关指定的时间和场所进行。验关时，收货人或其代理人应当到场。特殊情况下，由报关人申请，经海关同意，也可由海关派员到收货人的仓库、场地查验。

(三) 缴纳税款

海关按照《中华人民共和国海关进口税则》的规定，对进口货物计征进口税。货物在进口环节由海关征收(或代征)的税种有关税、产品税、增值税、工商统一税及地方附加税、盐税、进口调节税等。其中，进口关税是货物在进口时由海关征收的一个基本税种。进口关税是以 CIF 价为基数计算的。如果是 FOB 价格进口，还要加上国外运费和保险费。其公式为

$$进口关税税额 = CIF 价格 × 关税税率$$

(四) 放行

放行又称"结关"，是指进口货物经海关查验并纳税后，由海关在报关单和货运单据上签字和加盖"验讫"章，进口企业及其代理人持海关签字并盖有放行章的货物提单提取货物。未经海关放行的货物，任何单位和个人都不得将货物提走。但是，对保税货物和加工贸易项下的进口货物，海关放行不等于"结关"，海关还要对货物进行后续监管，直到以后办完海关手续。在此之前，未经海关许可，任何人不得转让或挪作他用。

六、提取货物

进口货物的报关、纳税等手续办完后，即可在报关口岸按规定提取货物或拨交货物。如用货单位在卸货口岸附近，则就近拨交货物；如用货单位不在卸货地区，则委托货运代理将货物转运内地，并拨交用货单位。在货物拨交后，外贸公司再与用货单位进行结算。

如用货单位在验收货物中发现问题，应及时请当地检验检疫机构出具检验证明，以便在有效索赔期内对外索赔。

七、进口索赔

在履行进口合同过程中，若因卖方未按期交货，或货到后发现品质、数量和包装等方面有问题，致使买方遭受损失，可向有关责任方提出索赔。对此，买方必须注意以下事项：

(1) 在查明原因、分清责任的基础上确定索赔对象。

(2) 提出索赔证明。

进口索赔的对象

(3) 掌握索赔期限。在进出口合同中，一般都规定了索赔期限。如向买方索赔，则应在约定期限内提出。

(4) 索赔金额应合理确定，除包括受损商品价值外，还应加上有关费用，如检验费等。

教学做一体化训练

参 考 文 献

[1] 戴海珊. 国际贸易实务[M]. 大连：大连理工大学出版社，2018.

[2] 邓光娅，殷秀丽. 进出口贸易实务[M]. 北京：北京邮电大学出版社，2018.

[3] 吕春燕，叶影霞. 国际贸易实务[M]. 北京：清华大学出版社，2016.

[4] 赵轶. 国际贸易实务[M]. 北京：清华大学出版社，2015.

[5] 高彩云. 国际贸易实务与操作[M]. 浙江：浙江大学出版社，2019.